ESSAI

SUR

LE BONHEUR.

Par l'abbé de Gourcy
d'après Barbier

ESSAI

SUR

LE BONHEUR,

Où l'on recherche si l'on peut aspirer à un vrai BONHEUR sur la terre, jusqu'à quel point il dépend de nous, & quel est le chemin qui y conduit.

PAR M. l'Abbé de G. *Gourcy* Vicaire Général de Bordeaux, de la Société Royale des Sciences & Belles - Lettres de Nancy.

On ne le tire point des veines du Potose.
BOIL. Ep. 5.

A VIENNE,

Et se trouve

A PARIS, chez MERIGOT le jeune, *Libraire, quai des Augustins, au coin de la rue Pavée.*

M. DCC. LXXVII.

A LA REINE.

MADAME,

*A qui pourroit mieux con-
venir l'hommage d'un traité
sur le Bonheur qu'à VOTRE
MAJESTÉ, destinée par le*

a iij

Ciel, & formée par une Mère,
l'admiration de son siècle & les
délices de son Empire, pour
faire le Bonheur du Roi & de
la Nation.

Je suis avec le plus profond
respect,

MADAME,

De VOTRE MAJESTÉ,

Le très-humble & très-obéïssant
serviteur & sujet,
GOURCY.

PRÉFACE.

IL y a long-temps que j'avois dans la tête, & encore plus dans le cœur, si je puis le dire, le dessein de l'ouvrage que je présente aujourd'hui au Public.

Il n'est personne qui peut-être même sans s'en appercevoir, n'ait quelquefois réfléchi sur le sujet que je traite, c'est-à-dire sur le sujet qui intéresse le plus vivement tous les hommes, & qui ne peut cesser dans aucun instant de les intéresser. Dans mes momens de loisir, j'ai confié au papier les idées & la peinture naïve des sentimens, qu'avoient souvent fait naître les circonstances où je me suis trouvé, & où j'ai envisagé mes semblables.

Je ne pensois qu'à m'instruire moi - même, ou à me consoler : mais ce qui n'étoit destiné qu'à mon usage, on a cru qu'il pouvoit être de quelque utilité pour d'autres personnes. Dans cette confiance, dont peut-être m'ont flatté trop légèrement des juges prévenus en faveur de l'Auteur, j'ai laissé sortir cet Essai de mes mains. Je l'ai revu auparavant avec tout le soin & toute l'application qu'exige le respect dû au Public. J'ai fait plus, j'ai entrepris & soutenu jusqu'au bout la lecture d'une multitude de traités sur le Bonheur, par zèle pour mes lecteurs, dans la crainte qu'il ne s'y trouvât quelque vûe, quelque maxime utile qui m'auroit échappé. Mais j'ai éprouvé qu'à l'exception d'un très-petit nombre, le reste, aussi dépourvu de choses que d'a-grémens, étoit si éloigné de pou-voir fournir des ressources pour le Bonheur, qu'il falloit même rayer des momens de Bonheur les mo-mens perdus à les parcourir.

J'excepte *un très-petit nombre.* A la tête des Modernes, viennent se placer naturellement *les pensées de*

x *PRÉFACE.*

M.* *de Fontenelle fur le Bonheur.* Ce
n'eft à la vérité qu'une efquiffe ;
mais l'Auteur qui a cueilli, pour
ainfi dire, la fleur de fon fujet, l'a
préfenté avec la fineffe & l'agrément qui lui font propres.

*La Théorie des Sentimens agréa-
bles* eft un ouvrage beaucoup plus
développé , qui fait également
honneur aux fentimens vertueux
& à la délicateffe d'efprit de M.
de Pouilly. La critique lui a repro-
ché de porter quelquefois à l'excès
cette dernière qualité, & de donner un peu dans le précieux.

Dans fon *Effai fur la Philofophie
morale*, M. de Maupertuis a calculé

tous les momens & tous les degrés
de Bonheur avec la précision ri-
goureuse & la fécherefse du Géo-
mètre : l'efprit eft toujours convaincu & auffi fatisfait qu'il peut
l'être dans une matière toute du
reffort du fentiment, quand le
cœur n'eft jamais intéreffé.

On fçait que les anciens Philofophes nous offrent fur ce fujet de
grandes & importantes vérités,
mêlées de beaucoup d'erreurs &
& de bizarreries. Je ne parlerai que
d'Epictète, à qui je dois, par
équité & par reconnoiffance, un
mot d'apologie ou d'éclairciffe-
ment.

Rousseau, après une critique très-vive de ce Philosophe, conclud ainsi :

Liv. 2. des Odes. Od. 2.

> Mon Apollon révolté
> Lui devoit ce témoignage,
> Pour l'ennui que m'a coûté
> Son insupportable Ouvrage.

On peut dire, sans exagérer, que la morale d'Epictète en général est très-relevée & très-épurée, & que le Paganisme n'a rien produit de plus parfait. Le fond de l'Ouvrage est digne par conséquent de tous nos éloges, & Rousseau lui-même étoit trop judicieux pour n'en pas convenir. Quant à la forme, je ne m'étonne point qu'elle ait rebuté la riche & brillante imagination du Prince de nos Poëtes lyriques. Car il faut avouer que la morale d'Epictète a toute l'aridité & la tristesse du Portique. Que l'on compare les Odes morales & sacrées de Rousseau avec le Manuel d'Epictète ou avec le Commentaire de Simplicius, on trouvera le plus frappant contraste : d'un côté les plus grandes idées, les plus sublimes leçons, il est vrai, de la Religion ou de la Philosophie, mais cachées sous les fleurs les plus riantes de la Poésie, embellies par les charmes de son harmonie, étincelantes de tous ses feux ; de l'autre, une longue & fatiguante liste de maximes & de sentences , dont jamais aucune saillie , aucun ornement ne rachete la monotonie, la froideur & le pédantisme.

Le desir d'être utile m'a fait dévorer plusieurs ouvrages aussi peu attrayans & beaucoup moins solides. Je me croirois bien dédommagé , & j'aurois travaillé avec succès pour mon propre Bonheur, si j'étois assuré que ce foible Essai contribuât au Bonheur d'un seul homme. *Homo sum, humani nihil à me alienum puto.*

Térence.

TABLE
DES SECTIONS.

Fin de la Table.

ESSAI

ESSAI

SUR

LE BONHEUR.

SECTION Iere.

Peut-on espérer un vrai BONHEUR sur la terre ?

INUTILEMENT ferions-nous part à nos semblables de ce que la réflexion & l'expérience nous ont appris sur le plus intéressant de tous les arts, celui auquel tous les autres doivent se rapporter, & se rapportent nécessairement, *l'art d'être heureux :* inutilement aurions-nous consacré toute la force de notre ame à lever le voile dont la Nature a pris plaisir à

A

couvrir ce terme unique où tendent tous les hommes, & où sans cesse elle les appelle, à démêler parmi tant de fausses & trompeuses routes la seule qui y conduise : inutilement avons - nous essayé d'arracher les épines, de marquer les écueils dont elle est semée ; s'il n'est point pour l'homme de vrai Bonheur à espérer sur la terre ; si l'art d'être heureux n'est qu'une illusion, fruit de l'imagination égarée par un fol orgueil ; si le Bonheur n'est qu'un nom vuide de sens, une vaine ombre, dont le corps ne se trouve nulle part, & qui ajoute encore au malheur trop réel des humains ; lorsqu'embrassant le fantôme qu'ils poursuivoient depuis si long-temps, il s'évanouit entre leurs mains, & ne leur laisse que le désespoir & la honte d'avoir été trompés cruellement. Et ce que nous apprenons de ceux qui nous ont devancés, depuis la naissance du genre humain, ce que nous entendons tous les jours, les spectacles qui s'offrent fans ceffe à nos yeux, le fentiment des plus célèbres Philofophes, tout concourt à nous infpirer cette idée accablante. La mifère, la douleur, les alarmes, la difcorde & la guerre, monftres infatiables de pleurs & de fang, les fléaux fans nombre du corps, les maladies de l'ame, plus multipliées & plus incurables, femblent s'être partagé l'empire de la terre. On ne voit que des gens qui foupirent après le bonheur, qui le cherchent aux dépens même de leur repos, de leur goût, & quelquefois de leurs jours. En eft-il un feul qui l'ait trouvé ?

Les fources même du bonheur font infeCtées. La fenfibilité, dont la mefure fembleroit devoir être celle du bonheur, devient prefque toujours le principe de nos plus cuifantes afflictions. Les plaifirs s'émouffent par l'habitude, s'ufent par leur durée, épuifent par leur vivacité ; tandis que la douleur la plus médiocre s'accroît par la continuité, au point de

A ij

devenir auſſi inſuportable que les maux
les plus aigus. Il n'eſt aucun genre de
plaiſirs inacceſſible à la douleur ; & il
n'eſt point de douleur qui, par ſa violence ou par ſa durée, n'empoiſonne
tous les plaiſirs , & ne mette en fuite juſqu'au ſimulacre du bonheur.

Les plaiſirs (& ce ſont ceux mêmes où
nous ſerions tentés d'attacher le bonheur)
paſſent avec la rapidité de l'éclair, & font
acheter trop cher un long repentir ; ou
ſont ſuivis de cette maladie terrible, dont
la mort ſeule peut guérir , la ſatiété.

Le plaiſir & la joie ne peuvent venir à
nous que par un petit nombre de canaux,
la plupart altérés ou fermés. Le corps eſt
ſans ceſſe en butte à tous les accidens,
à toutes les infirmités ; & l'ame de toutes
parts eſt ouverte à la douleur. Ce qu'il
devroit y avoir de plus ſolide, les atta-
chemens de cœur s'éteignent dans l'ab-
ſence, ou la rendent inſuportable , & ne
ſont preſque jamais à l'épreuve de ces

revers accablans , qu'ils pourroient seuls adoucir. La vertu, oui là vertu même, à force de lutter contre le torrent de l'adversité , ou fatiguée des attaques encore plus dangereuses , que lui livre sans cesse une longue & séduisante prospérité , trop souvent se relâche , s'affoiblit, s'évanouit enfin , & avec elle l'espérance de la félicité.

Détournons les yeux du spectacle trop affligeant de la vie humaine. Allons consulter ces hommes si vantés , que nous devons présumer avoir acquis des connoissances sûres , & propres à nous décider sur la matiere la plus intéressante qu'ait jamais pu se proposer la Philosophie. Il n'en est point que les anciens Philosophes aient traitée avec plus de soin & plus d'étendue.

Que nous apprennent-ils donc ? Rien sur la nature même du bonheur, ou du souverain bien de l'homme, puisque tous, opposés les uns aux autres, ne

peuvent donner de fondement folide à
aucun fyftême : ils ne réuffiffent qu'à
fonder ou à détruire ceux qu'ont élevés
leurs adverfaires. Par conféquent ils ne
font que redoubler nos alarmes & nos
incertitudes fur l'exiftence même de ce
Bonheur. Varron avoit compté deux
cens foixante-feize fyftêmes fur le Bonheur de l'homme ; & parmi les plus célèbres que le temps a laiffé paffer jufqu'à
nous, il n'en eft pas un feul que le moins
aguerri de nos dialecticiens ne fe faffe un
jeu de renverfer.

Les anciens Philofophes fe furpaffent,
quand ils ont à déplorer les mifères de
la vie humaine, la vanité & le vuide de
la plupart des biens qu'on s'y difpute
avec acharnement : & lors même qu'oubliant l'effrayant tableau qu'ils nous ont
tracé plus d'une fois, ils femblent vouloir nous perfuader que le Bonheur le
plus complet & le plus indépendant des
évènemens eft entre nos mains, que le

Sage est cet homme toujours serein, toujours le même, toujours inébranlable,
l'homme heureux en un mot; par l'idée
même qu'ils nous donnent de ce Bonheur
& du Sage qui le possede, ils achevent
de nous désespérer.

Celui, dit Cicéron, qui est toujours
renfermé dans les limites de la modération, toujours égal, tranquille, en paix
avec lui-même, de maniere qu'il soit
inaccessible aux atteintes des passions &
aux coups du sort, que la tristesse & la
crainte ne puissent l'abattre, le desir l'enflammer, la joie ou l'espérance l'enfler;
celui qui fait, pour ainsi dire, autour de
lui une garde si exacte, que dans toutes
les révolutions de la fortune il ne puisse
rien lui arriver d'imprévu, rien d'ino-
piné, rien qui lui paroisse nouveau; le
voilà cet homme sage, cet homme heureux que nous cherchons.

Nous appellons heureux, dit Sénèque,
celui qui ne reconnoît d'autre bien que

Tuscul. quest.
l. 4, n. 15.

De beata
vita, c. 3 &
4.

A iv

la vertu, d'autre mal que le vice ; qui fait fa volupté du mépris des voluptés ; qui, partifan fidèle de la vertu & fatisfait de fa poffeffion, ne peut être ni enorgueilli par les fuccès, ni terraffé par les revers ; qui éprouve une joie toujours égale, une tranquillité inaltérable, une liberté parfaite.

Manuel.

Selon Epictète, notre véritable bien confifte dans les chofes qui dépendent de nous, c'eft-à-dire, dans nos actions, non dans les chofes extérieures qui n'en dépendent point ; de forte que le Sage obtient toujours tout ce qu'il defire. Il a un fecret infaillible pour vivre heureux, c'eft d'avoir de l'indifférence pour tout ce qui eft indifférent, c'eft-à-dire, pour tout généralement, hors le vice & la vertu. C'eft l'opinion que nous avons des chofes, ce font les paffions qu'elles allument en nous qui nous font du mal, & non pas les chofes mêmes. Le Sage ne demande point que les chofes arrivent

Réflex. de Marc-Aurel.

comme il les defire, mais il defire qu'elles arrivent comme elles arrivent. Par ce moyen il eft toujours content, toujours libre & heureux.

Une lumière bien fupérieure aux foibles étincelles qui guidoient les plus grands hommes du Paganifme, nous a éclairés fur le défaut effentiel & inévitable de tous ces fyftêmes. Nous fçavons enfin en quoi confifte le fouverain bien de l'homme, & nous fommes du moins défabufés de la folle efpérance de l'atteindre ici-bas. L'Auteur de la Nature, qui, dans la formation de cet Univers, n'a pu fe propofer d'autre fin que lui-même, en créant un être capable de le connoître & de s'attacher à lui, imprima dans fon ame une avidité de fçavoir & de jouir, qui ne pût être raffafiée que par lui : il a dû fe réferver à lui-même de faire la récompenfe du plus excellent de fes ouvrages mortels. Ce n'eft donc pas à préfent qu'il nous eft permis d'af-

pirer à la poſſeſſion du ſouverain bien
ou du Bonheur complet. Mais nous eſt-il
interdit pour cela de prétendre au genre
de Bonheur que la Terre comporte , &
ne trouve-t-on pas un Bonheur commencé & paſſager ſur le chemin même qui
conduit au Bonheur ?

Voici ce qu'en penſe un de nos plus
grands Poëtes.

M. de Volt.
Mélange de
Poéſie & de
Littérature.

Je ne me vante point d'avoir en cet aſyle
　　Rencontré le parfait Bonheur ;
Il n'eſt point retiré dans le fond d'un bocage ;
　　Il eſt encor moins chez les Rois ,
　　Il n'eſt pas même chez le Sage :
De cette courte vie il n'eſt point le partage ;
Il y faut renoncer : mais on peut quelquefois
　　Embraſſer au moins ſon image.

Emile de
M. R.

» Il faut être heureux , c'eſt la fin de
» tout être ſenſible , dit le plus fameux
» de nos Philoſophes : c'eſt le premier
» deſir que nous imprima la Nature , &
» le ſeul qui ne nous quitte jamais.
» Mais où eſt ce Bonheur ? qui le ſçait?
» Chacun le cherche & nul ne le trouve:

» on use sa vie à le poursuivre, & on
» meurt sans l'avoir atteint. La félicité
» des sens est passagère : l'état habituel
» du cœur y perd toujours. Vous avez
» plus joui par l'espérance que vous ne
» jouirez jamais en réalité : l'imagination
» qui pare ce qu'on desire, l'abandonne
» dans la possession. Hors le seul être
» existant par lui-même, il n'y a rien de
» beau que ce qui n'est pas.···· Si cet
» état eût pu durer toujours, vous au-
» riez trouvé le Bonheur suprême ; mais
» tout ce qui tient à l'homme se sent de
» sa caducité. Tout est fini, tout est
» passager dans la vie humaine ; & quand
» l'état qui nous rend heureux dureroit
» sans cesse, l'habitude d'en jouir nous en
» ôteroit le goût. Si rien ne change au
» dehors, le cœur change : le Bonheur
» nous quitte, ou nous le quittons. Un
» état permanent est-il fait pour l'hom-
» me ? Non : quand on a tout acquis, il
» faut perdre, ne fût-ce que le plaisir de
» la possession qui s'use avec elle.»

Dans ce morceau, auſſi vrai qu'éloquent, s'il m'eſt permis de relever quelque choſe, c'eſt que l'Auteur place le
Bonheur ſuprême dans un état de deſir
& d'eſpérance qui dureroit toujours.
Quel eſt l'homme qui n'a pas éprouvé
que dans le deſir ſéparé de la poſſeſſion,
l'on ſent toujours, pour ainſi parler,
l'épine de l'inquiétude ou de l'impatience, qui écarte le Bonheur ſuprême ? Le
deſir, joint à la poſſeſſion, un deſir toujours vif avec une poſſeſſion toujours
imperturbable, voilà le Bonheur parfait.
Et voilà pourquoi il ne ſe trouve point
ſur la terre. Ou le deſir exclud la poſſeſſion, le deſir alors eſt un tourment :
ou la poſſeſſion éteint avec le deſir le
goût de la jouiſſance, la poſſeſſion devient ſatiété.

Que conclurons-nous ? Tout le monde
veut être heureux, & juſqu'ici on cherche en vain un ſeul heureux. Mon Traité
eſt-il fini ? Le Bonheur eſt-il donc une
chimère ?

Il seroit trop cruel de le penser. Le doute seul seroit injurieux à l'Auteur de la Nature. Eût-il répandu ses dons avec cette profusion divine, pour qu'ils devinssent inutiles ou nuisibles à la félicité de celui pour qui il a tout fait, & dans qui il a daigné crayonner son image ?

Et cet espoir, ce desir invincible du Bonheur, l'ame de toutes nos actions, le premier ressort de nos vertus même, l'eût-il gravé au fond de notre être; si le Bonheur n'étoit qu'une chimère; si cet espoir n'étoit qu'une illusion; si ce desir devoit nous agiter sans cesse, sans pouvoir jamais être satisfait ? Comment eût-il regardé avec complaisance l'Univers sorti de ses mains ? Comment eût-il dit, *tout est bien*, tandis que son ouvrage le plus chéri eût été condamné à gémir jusqu'à la mort sous l'empire du mal ? Il est vrai que le bel ordre, l'harmonie divine qu'il avoit établie entre tous les êtres, l'heureuse destinée qu'il avoit promise pour tous ses descendans au Pere du genre humain, tout a été renversé par le crime de l'homme, comme la raison seule l'avoit fait soupçonner aux Sages du Paganisme. Mais si ce Bonheur parfait & inaltérable, que la magnificence du Créateur nous avoit préparé, nous a été ravi sans retour ; ne reste-t-il pas du moins des consolations, &, pour ainsi dire, un Bonheur du second ordre, que sa bonté compatissante a substitué ?

Qui de nous n'a pas entrevu, n'a pas goûté des heures de Bonheur ? Qui de nous n'a pas de reproches à se faire sur les obstacles que lui-même il a mis à son bien-être ? Il est rare que l'occasion nous ait manqué ; il ne l'est pas que nous ayons manqué à l'occasion.

On a vu même des hommes, loin du tourbillon du monde, & de ces plaisirs sans lesquels le grand nombre n'imagine pas que le Bonheur puisse exister, on les a vus, après avoir sacrifié tout aux promeſſes de la Religion, ſoutenir conſtamment qu'ils étoient heureux, ſans que l'appas de ce que la fortune a de plus riant & de plus éblouiſſant ait pu les tirer ou les dégoûter de cet état.

Ces exemples ſinguliers étonnent; ils peuvent même ravir l'admiration, mais ils ne perſuadent point. Enfin tous, à les entendre, marchent vers le même terme, & preſque tous prennent, pour y arriver, des chemins différens ou même oppoſés.

Ainſi l'objet le plus intéreſſant pour tous les hommes, ſur lequel les opinions devroient le moins varier, eſt préciſément celui ſur lequel ils s'accordent le moins. Au lieu de faire ſervir le ſentiment à éclairer la raiſon, & l'expérience à redreſſer l'un & l'autre, ils ſemblent ſe diſputer à qui s'égarera le plus. Rendons nous attentifs à la voix de la Nature, aux conſeils de la raiſon, au témoignage de l'expérience : quand leur flambeau cesse de luire, n'hésitons pas de recourir à une lumiere supérieure. Tâchons d'abord de remarquer les illusions & les préjugés trop répandus sur le Bonheur, les fausses routes qui nous détournent de la véritable, & les écueils semés dans celle-ci. Les erreurs reconnues , les obstacles écartés, il nous sera plus facile de nous former des idées justes de la nature du Bonheur, & de suivre le sentier qui aboutit à ce terme si desiré & si peu connu.

SECTION

SECTION II.

Les obstacles que nous mettons nous-mêmes à notre BONHEUR par nos erreurs & par notre conduite.

UN travers & une erreur capitale qui se présente d'abord à combattre, & que je souhaiterois pouvoir détruire dans l'esprit de mes Lecteurs, parce qu'elle est la source de presque toutes les autres, & qu'elle a les suites les plus fâcheuses pour le Bonheur, c'est de s'imaginer que le Bonheur ne dépend pas de nous, de notre façon de penser ni d'agir, qu'il tient absolument aux événemens, à la fortune, à la condition où le sort nous a placés.

Ecoutons Fontenelle, qui a représenté vivement l'influence de ce faux préjugé, mais qui l'a attaqué trop mollement. « Quoi qu'en disent les fiers Stoïciens,

» une grande partie de notre Bonheur
» ne dépend pas de nous.....N'ajoutons
» pas à tous les maux que la nature &
» la fortune peuvent nous envoyer, la
» ridicule & inutile vanité de nous
» croire invulnérables. Il feroit moins
» déraifonnable de fe perfuader que
» notre Bonheur ne dépend point du
» tout de nous; & prefque tous les
» hommes ou le croyent, ou agiffent
» comme s'ils le croyoient. Incapables
» de difcernement & de choix, pouffés
» par une impétuofité aveugle, attirés
» par des objets qu'ils ne voyent qu'au
» travers de mille nuages, entraînés les
» uns par les autres fans fçavoir où ils
» vont, ils compofent une multitude
» confufe & tumultuaire, qui femble
» n'avoir d'autre deffein que de s'agiter
» fans ceffe. Si dans tout ce défordre
» des rencontres favorables peuvent en
» rendre quelques-uns heureux pour
» quelques momens, à la bonne heure;

» mais il est bien sûr qu'ils ne sçauront
» ni prévenir ni modérer le choc de
» tout ce qui peut les rendre malheu-
» reux. Ils sont absolument à la merci
» du hasard. Nous pouvons quelque
» chose à notre Bonheur, mais ce n'est
» que par notre façon de penser ; & il
» faut convenir que cette condition est
» assez dure. . . . . Ainsi il n'y a qu'une
» partie de notre Bonheur qui dépende
» de nous ; & de cette petite partie peu
» de gens en ont la disposition, ou en
» tirent leur profit ».

Sans doute nous ne pouvons pas disposer de la plupart des événemens. Eh !
pouvons-nous toujours disposer de nous-
mêmes ? & *c'est une ridicule & inutile va-*
nité de nous croire invulnérables, comme
dit fort judicieusement Fontenelle. Mais
je ne crois pas pour cela qu'il *n'y ait*
qu'une petite partie de notre Bonheur qui
dépende de nous. Quiconque connoît le
monde, & a fait une étude sérieuse du

cœur humain, a dû se convaincre qu'un grand nombre d'hommes ont à se reprocher, ou de n'avoir pas sçu jouir du Bonheur qui leur étoit offert, ou de s'être persuadés trop légèrement qu'ils étoient malheureux, & de l'être devenus en effet en se croyant tels. » Ceux qui se » plaignent de la fortune, dit un célebre » Ecrivain, n'ont bien souvent à se » plaindre que d'eux-mêmes ».

J'avoue (& comment ne pas l'avouer?) qu'il est nécessaire d'apporter en naissant les qualités qui font la base du Bonheur; car il faut supposer ici, comme par-tout ailleurs, que la Nature a fait les premiers frais: l'art, la réflexion, l'éducation, ne peuvent que féconder, guider, développer la Nature, tout au plus la corriger & l'enrichir, jamais l'effacer ni la suppléer. Un sens droit, un cœur droit, font des qualités indispensables dans tout homme; sans quoi il n'est capable de rien de grand, de rien de solide; il ne

M. de Volt.
Hist. gén.

sçauroit que nuire à la société, & se nuire à lui-même, loin de pouvoir jouir d'un vrai Bonheur. Faute de la premiere qualité, il est exposé à donner dans tous les travers de ceux qui l'environnent & qui se prévalent de sa foiblesse ; il est livré sans ressource à tous les siens. Faute de la seconde, il ne peut s'estimer lui-même ; il rougit de se voir, il est forcé de se fuir ; & ce n'est que dans soi qu'on peut trouver le repos & le vrai contentement. Otez l'estime de nous-mêmes & le contentement intérieur, tout le reste nous est étranger & n'est propre qu'à effleurer l'ame.

Il est bien à souhaiter que la Nature nous ait aussi pourvus d'un caractere serein, égal, doux, modéré, sociable, complaisant : nous avons alors de grandes avances pour le Bonheur. C'est sur-tout le caractere qui decide de l'agrément que nous procurons aux autres, & de celui que nous goûtons dans leur compagnie. Un efprit borné, fi vous voulez, pourvu qu'il foit judicieux & conduit par un caractere vertueux & ferme, gagne tous les fuffrages, & remplit utilement les places que la République lui confie. L'efprit le plus brillant, s'il n'a ni la rigide probité pour frein, ni un caractere fage pour bouffole, ne fert fouvent qu'à faire faire les plus grands écarts, à mériter la rifée ou l'indignation du Public. Que d'exemples nous pourrions citer! Me permettra-t-on de dire que depuis long-temps on reproche à ma Patrie de beaucoup trop abonder en êtres de cette efpece? Ce n'eft pas à moi à prononcer fi le reproche eft fondé : puiffent le mérite & la réputation de bel-efprit nous être pour jamais enlevés, s'il faut les acheter à ce prix!

Il eft inconteftable que le Bonheur tient pour beaucoup au caractere : il ne l'eft pas moins que l'organifation phyfique influe puiffamment fur le caractere;

& que la mauvaise conſtitution du corps peut former de grands obſtacles au Bonheur. Ces obſtacles, il eſt vrai, ne ſont pas inſurmontables ; mais il eſt fâcheux d'avoir ſans ceſſe des combats à livrer, de pénibles victoires à remporter.

L'Auteur d'un ouvrage très-eſtimé dit que » ceux qui apportent en naiſſant » un ſang ſans aigreur & des humeurs » ſans venin, ſont auſſi obligés à la » Providence que les fils aînés des Sou- » verains ». Le Bonheur des premiers paroîtra fort exagéré aux yeux de l'ambition ; il eſt plutôt affoibli au jugement de la raiſon & de l'expérience. Ce n'eſt pas du moins à nous que la place la plus voiſine du trône doit paroître ſi digne d'envie. Combien de fois, en moins d'un demi-ſiècle, la France n'a-t-elle pas eu à pleurer ceux dont elle attendoit ſon Bonheur ! Mais ſuppoſons, j'y conſens, l'intervalle qui ſépare du trône franchi ; qui peut ignorer que ce n'eſt point au centre

L'Abbé du Bos, Réflex. ſur la Poéſie & ſur la Peinture, tome I.

même de l'agitation & des viciſſitudes humaines qu'a coutume de réſider le Bonheur & le calme de l'ame? Le tout enfin, n'eſt-ce pas de ſe croire heureux & de l'être? & qu'importe où? Dira-t-on encore que quelle que puiſſe être l'influence du caractere ſur le Bonheur, perſonne ne ſe forme à ſon gré un caractere? J'en conviens; mais il faut convenir auſſi qu'il n'en eſt guere que l'éducation, les conſeils, la réflexion, une ſociété choiſie, que la vraie Philoſophie ne vienne à bout de plier ou de fortifier, de polir & d'humaniſer, de calmer & même d'égayer.

Le nombre des maux réels qui ſans ceſſe ou affligent ou menacent l'humanité, eſt ſans doute prodigieux, effrayant: mais les maux imaginaires dont nous ſommes nous-mêmes les auteurs, les circonſtances imaginaires que nous ajoutons aux maux réels, & plus inſuporta-bles que ces maux mêmes, ne peuvent fe compter. Les premiers, la prudence réuffit fouvent à les conjurer, la prévoyance en affoiblit l'impreffion, le courage leur tient tête, toutes les vertus réunies ou les écartent, ou en triomphent, ou du moins en confolent : ils ne fe font fentir ni dans tous les momens ni avec la même vivacité ; l'habitude feule les adoucit. Enfin le temps,

> Qui détruit tout ce qu'il fait naître,
> A mefure qu'il le produit,

Rouff. liv. 2. Ode.

inceffamment les confume, & bientôt les replonge dans le néant : mais pour les autres, ils fe fortifient & s'aigriffent chaque jour, parce que chaque jour de nos propres mains nous envenimons & déchirons nos plaies. Nous ne pouvons nous y dérober un inftant, puifque nous ne pouvons nous fuir nous-mêmes. Ils font incurables, à moins qu'un art fupérieur à celui d'Efculape, en guériffant l'imagination, ne tariffe la fource empoifonnée d'où ils coulent fans ceffe.

Quelle eft donc la démarche effentielle qu'il faut faire avant tout, fi nous afpirons au Bonheur ? Pour qu'il puiffe trouver entrée dans notre ame, ou du moins y féjourner, il faut, felon l'expreffion de Fontenelle, avoir nettoyé la place, & en avoir chaffé tous les maux imaginaires.

Voulez-vous un exemple de ces fortes de maux ? en voici un que le même Auteur nous fournit. « C'eft un mal imagi- » naire que la douleur de laiffer de grands » biens après fa mort à des héritiers en » ligne collatérale & non pas en ligne » directe, ou à des filles & non pas à des » fils. Il y a des hommes dont la vie eft » empoifonnée par un tel chagrin : le » Bonheur n'habite pas dans les têtes de » cette trempe ». Un travers plus pitoyable encore, c'eft de nous croire malheureux pour les fottifes & les torts des autres, pour des injures, des calomnies, de prétendues humiliations. Efti-

mons-nous affez peu notre honneur &
notre repos, pour le faire dépendre du
caprice & de l'injuftice des êtres les plus
frivoles & les plus méprifables, & que
nous méprifons le plus en effet ? Les injures, les calomnies, les mauvais procédés en tout genre, à qui donc peuvent-
ils préjudicier, qui doivent-ils affliger,
qui doivent-ils faire rougir, finon ceux
qui ont à fe les reprocher ?

Si nous voulions rendre compte des
obfervations que nous avons faites dans
la fociété à cet égard, analyfer les fujets
de plainte de la grande partie des hommes, nous entrerions dans des détails qui
fourniroient la matiere d'un gros Ouvrage. Les maladies imaginaires du corps,
qui pourroient de nos jours reparoître
fur la fcene comique avec autant de
fuccès que jamais, comparées aux maladies de l'ame, ne méritent pas d'être
comptées. La raïfon & le bon efprit ne
ferviffent-ils qu'à retrancher cette double

branche de nos maux, il faut convenir
qu'ils ne mettroient pas un petit poids
dans la balance du Bonheur. Que sera-ce
si nous ajoutons tous les biens dont nous
jouissons sans en faire aucun cas, sans
presque nous en appercevoir; & qui peut-
être excitent la jalousie d'une foule de
personnes, dont, à les entendre, ils feroient le Bonheur?

Les maux imaginaires ne sont pas seulement ceux dont parle Fontenelle, qui
tirent leur origine *de quelque façon de pen-*
ser fausse, ou du moins problématique. J'entends encore sous ce nom tous les maux
réels qui ne sont que possibles, & que
notre lâcheté, & une prévoyance insensée, fruit d'un amour excessif & effé-
miné, nous font souffrir comme s'ils
existoient déja. Une mère, plus foible
encore que tendre, au lieu de jouir de
la reconnoissance & de l'heureux naturel
de son fils, au lieu d'anticiper sur l'avenir, & de goûter déja la joie que lui cau-

feront des vertus tranſmiſes par le ſang & cultivées par l'éducation, ſe fait un ſupplice de ce qui devroit faire ſon Bonheur : elle ne peut le voir s'éloigner ſans ſaiſiſſement ; tous les dangers où une tête ſi chère peut être expoſée, ſe peignent vivement à ſon imagination : la terre, la mer, la plus légère indiſpoſition, que ſera-ce des horreurs de la guerre ? tout la fait frémir. Il n'y a que la mort même de l'objet de ſa tendreſſe qui puiſſe mettre fin à cette cruelle agitation : du moins elle le perdroit pour la derniere fois ; & par ſes alarmes éternelles, elle l'a perdu mille fois avant de le perdre.

Un avare ne jouit pas mieux de la fortune, qu'il a pour l'ordinaire achetée fort au-delà de ſon prix. Pauvre auprès d'un tas d'or & d'argent, dont il n'eſt que le gardien, il paſſe ſa vie dans de mortelles frayeurs. Il craint tout pour ſon tréſor ; ceux qu'il connoît, comme ceux qu'il ne connoît pas, ſes enfans ; ſa

femme, ſes amis. Ses amis ! un avare en
eût-il jamais, lui qui n'aime que ſon argent, & qui, plutôt que d'y toucher,
voit de ſang froid périr ſon ſemblable ?
Il craint tout ; il ſe craint lui-même ; il
réſerve juſqu'au dernier ſoupir, pour de
chimériques beſoins, ce qu'il ſe refuſe
dans les plus preſſantes néceſſités. Voilà
le fruit de tant de travaux, de ſacrifices,
de baſſeſſes, & peut-être de crimes ! lui-
même, ſon plus cruel ennemi, il venge
le genre humain, dont il eſt la fable &
l'horreur.

Rouſſ. Liv. 2,
Ode 9.

Ouï, c'eſt toi, monſtre déteſtable,
Superbe tyran des humains,
Qui ſeul du Bonheur véritable
A l'homme as fermé les chemins.
Pour appaiſer ſa ſoif ardente,
La terre en tréſor abondante,
Feroit germer l'or ſous ſes pas.
Il brûle d'un feu ſans remède,
Moins riche de ce qu'il poſſede,
Que pauvre de ce qu'il n'a pas.

L'ambitieux eſt-il plus ſage ou plus

heureux ? Semblable à ces rivaux pleins
d'ardeur à la course, qui volent sur ceux
qui les devancent, sans regarder celui
qu'ils ont laissé derrière eux, après s'être
élevé, à force de ramper, d'honneurs en
honneurs, plus agité, plus insatiable que
jamais, il aspire encore à monter, lorsque
tout-à-coup l'inexorable mort le précipite du faîte dans le tombeau.

C'est ainsi que les biens dont nous
sommes épris, & qui devroient, ce semble, contribuer le plus à notre Bonheur,
nous deviennent funestes par le dérégle-
ment de notre esprit & de notre cœur.
Les autres biens, que nous possédons
presque sans le sçavoir, nous n'en tenons
aucun compte : ils sont comme s'ils n'é-
toient pas, tandis qu'ils nous sont assurés.
Viennent-ils à nous être enlevés ? non-
seulement nous connoissons alors tout ce
qu'ils valent, mais ingénieuse à nous
tourmenter, notre imagination les enfle
autant qu'elle les avoit diminués jusqu'à

ce moment. La poſſeſſion n'avoit pu influer ſur notre Bonheur, & la privation fait notre malheur.

La ſanté, la liberté, aſſez d'aiſance pour fournir abondamment à la nature tout ce qu'elle peut demander, une ſituation enviée d'une foule de rivaux qui ſe trouveroient heureux d'être à notre place, c'eſt pour nous une ſituation inſipide, inſupportable.

Un citoyen aimé & reſpecté dans le ſein de ſa famille, ne connoît pas le prix de l'heureuſe médiocrité, où la Providence l'a placé: le luxe & l'opulence d'un voiſin que les caprices de la fortune, ou les reſſorts cachés d'une intrigue ont élevé rapidement au-deſſus de tous ſes égaux, le rendent pauvre & malheureux. Celui-ci, peu ſatisfait des richeſſes d'une condition privée, voit avec une ſecrette jalouſie qui le ronge, l'autorité que donne au Magiſtrat, les hommages aſſidus que lui attire un poſte plus pénible

encore

encore qu'il n'eft honoré. Le Magiftrat, dont l'orgueil eft mortifié par la fu- bordination, n'imagine d'heureux qu'à la premiere place. Mais celui qui l'oc- cupe fe croit-il lui-même heureux? L'eft-il effectivement? Privé de la liberté, prefque toujours de la vérité & de l'ami- tié, qu'eft-ce qui pourroit remplacer ces tréfors, dont chacun, pris à part, ne fe payeroit point par tout l'or de l'ancien & du nouveau monde?

Combien de fois ennuyé, excédé, dégoûté, le Monarque lui-même n'en- vie-t-il pas, avec ce Chef des Rois de la Grèce, la deftinée d'un de fes Sujets, dont les jours coulent paifiblement, fans connoître & fans defirer le faux éclat des dignités & de la gloire!

Heureux qui, fatisfait de fon humble fortune,
Libre du joug fuperbe où je fuis attaché,
Vit dans l'état obfcur où les Dieux l'ont caché!

Tels font les vers fameux que le Tra- gique Grec met dans la bouche d'Aga-

Euripide & Racine, au commence- ment d'Iphi- génie en Au- lide.

memnon, & qu'a si bien rendus l'Euripide
François. Qu'on me permette de le remarquer en paſſant, quel contraſte vrai
& frappant de l'ambitieux ſoupirant ſous
ce *joug ſuperbe*, avec l'homme modeſte,
heureux dans *ſon humble fortune!* Ce vers
admirable, *libre du joug ſuperbe où je ſuis
attaché*, plus philoſophique encore que
poétique, bien médité, ſuffiroit ſeul pour
guérir de la maladie de l'ambition, ſi
malheureuſement elle n'étoit pas incu-
rable; & ce mot *caché*, choiſi entre tous
par un ſi grand Ecrivain, à la bouche d'un
ſuperbe & infortuné Monarque, que de
choſes ne dit-il pas à qui ſçait le pénétrer!

Dans l'état obſcur où les Dieux l'ont caché.
Ne ceſſerons-nous donc pas d'être ingénieux contre nous-mêmes, d'envier aux
autres conditions des avantages que notre
imagination a créés, & qui n'exiſtent que
pour faire notre tourment? Tous les hommes naiſſent avec une paſſion ardente &
invincible de leur Bonheur; &, à les ſuivre dans toute leur conduite, on diroit

qu'ils ont tous conspiré contre leur propre Bonheur. Au lieu de goûter en paix & avec reconnoissance les biens qu'ils ont reçus en grand nombre, ils ne sçavent que vanter & regretter celui qui leur manque, & que souvent ils ont laissé échapper. On les entend murmurer sans cesse, ou contre je ne sçais quel destin ennemi, ou contre les dispensateurs des graces & des récompenses. Au lieu de regarder au-dessous d'eux, & de jetter les yeux sur une multitude d'hommes beaucoup moins bien partagés qu'ils ne le sont, ils ne considerent que ceux qui sont placés sur leurs têtes, & dont l'éloi- gnement ne leur présente que de trom- peuses images : ils préferent toujours la condition des autres ; ils ne l'envisagent que par ses côtés brillans, & ils n'en sentent pas les peines & les dégoûts ; ils déplorent la leur, où ils s'obstinent à ne voir que des désavantages & des désa- grémens.

Mais peuvent-ils ignorer que ceux-là
même dont ils envient le fort, envient
fouvent le leur, & peut-être avec plus
de raifon ? Et dans le fond, il y a moins
d'inégalité entre les conditions qu'on
ne le croit communément. Je parle de
celles où l'on peut pourvoir aux befoins de la nature, qui font circonfcrits
dans d'étroites bornes : les befoins des
fantaifies & des paffions, on ne le fçait
que trop, n'en connoiffent point. Ou s'il
y a de l'avantage de quelque côté, il eft
tout entier pour les conditions médio-
cres, fi vantées par le plus aimable & le
plus judicieux des Poëtes Philofophes,
fous le nom d'*aurea mediocritas.*

Les riches achetent à grands frais
des plaifirs qui ne ranimeront pas un
goût ufé, qui ne fçauroient faire renaître
la paix au fond du cœur, ni en étouffer
les remords. Ils ne peuvent prétendre
qu'à s'étourdir, à fe donner les dehors
d'hommes heureux, peut-être à empêcher par-là les autres de l'être. Au milieu

de leurs fêtes les plus faftueufes, on les entend foupirer après la groffiere, mais vraie gaieté du peuple, à qui la Nature fuffit, & dont le travail & l'appétit affai-fonnent les plaifirs.

C'eft donc le caractere, c'eft la modé-ration, la richeffe de l'ame, qui fait la différence réelle des fituations & la feule richeffe défirable. Les conditions ne pa-roiffent fi différentes les unes des autres que par une fuite de notre légereté, qui ne peut point fe fixer, de cette trempe malheureufe du cœur humain, qui defire tout ce qu'il n'a point, & fe dégoûte de tout ce qu'il poffede. C'eft parce que dans tous les états il y a des maux cachés qui ne font connus que par expérience; c'eft parce que les biens en font égale-ment inconnus, puifqu'ils paroiffent fort au-deffus de ce qu'ils valent en effet. Ainfi toutes les conditions, déprifées par ceux qui les rempliffent, enviées par les autres, ne peuvent jamais fuffire au

C iij

Bonheur des premiers, & troublent celui des seconds, qui les regardent hors de leur vrai point de vue.

» Il faut l'avouer à la honte des hom-
» mes, dit un Ecrivain de nos jours; ils
» seroient infiniment plus conténs s'ils
» pouvoient se persuader que les autres
» hommes n'ont pas été traités mieux
» qu'eux. . . . . . Notre amour - propre,
» notre injustice, l'indifférence que
» nous avons pour la plus grande partie
» du genre humain, nous font exagérer
» nos maux & les biens de ceux avec
» qui nous vivons. Tout est bien pour
» les autres: à nos yeux la fortune s'est
» épuisée pour eux. Tout est mal pour
» nous: à nos yeux la fortune nous a
» traités en marâtre. Soyez justes, aimez
» les hommes, & vos maux seront
» éclipsés. Tout est compensé ici bas:
» chacun a ses biens, chacun a ses pei-
» nes. . . . Les biens des autres augmen-
» teroient-ils vos maux?. . . . .

Nous empoisonnons les bienfaits de la

Nature : le talent même & l'inclination
qu'elle nous a donnée pour notre Bonheur, nous en abufons pour aigrir nos
maux & empirer notre fort. Il dépend
de nous d'être heureux, s'il eft vrai qu'il
dépende fouvent de nous de nous croire
tels ; & que fe croire heureux, c'eft
l'être pour le temps du moins où on le
croit. Incapables d'approfondir aucun
objet, nous voulons les effleurer tous :
nous aimons à les rapprocher, à faifir
tous leurs contraftes & leurs rapports.
Tous nos jugemens, dans le moral comme
dans le phyfique, font des jugemens de
comparaifon : nous ne jugeons les objets,
grands ou petits, excellens ou défectueux,
que par comparaifon avec d'autres, où
les mêmes qualités fe rencontrent en un
degré fupérieur ou inférieur. Et voilà
pourquoi le fils du Laboureur & de l'Ar-
tifan fe trouveroit aifé & opulent avec
la même fortune, qui caufe le malheur &
les plaintes amères de l'héritier d'un

Traitant. Pourquoi donc ne nous comparons-nous pas avec ceux qui font traités beaucoup plus mal que nous ? Au lieu de porter toujours nos regards au - deffus de nous, que ne les rabaiffons-nous fur la foule qui rampe à nos pieds ? Quel orgueil, quelle injuftice & quel travers fatal à notre repos & à notre Bonheur, de nous obftiner à nous mefurer avec ceux qui nous effacent, & de prétendre nous - mêmes effacer tous nos égaux par les dons de la fortune & par l'éclat des dignités ?

Valons - nous donc mieux que le refte du genre humain ? fommes - nous pétris d'un limon moins groffier que le cultivateur & le bourgeois ? Croyons - nous fuffifamment dotés des biens de la fortune, quand nous avons ce qui fuffit aux befoins de la Nature. Croyons - nous riches, quand nous voyons tant de milliers d'hommes envier notre fort. Sachons être heureux dans une place qui feroit leur Bonheur.

Jugeons avec ce même bon esprit de tous les événemens. En butte comme nous le sommes à tous les coups du sort, loin de nous lamenter, de nous désespérer, lorsque nous avons essayé quelques gouttes du calice d'amertume, préparé pour tous les mortels ; félicitons-nous, trouvons-nous heureux de ne l'avoir pas bu jusqu'à la lie, comme tant d'autres qui en étoient moins dignes que nous. Il n'est point de situation dans la vie, où cette réflexion ne doive adoucir notre destinée & calmer notre ame. J'ai éprouvé, il est vrai, un trait piquant de la malignité des hommes, de la dureté des Grands, de la rigueur du sort, de l'injustice des arbitres des récompenses : mais je suis homme, & comme tel je dois m'attendre à toutes les épreuves de l'humanité. Je pouvois, ainsi que tant d'autres, être beaucoup plus maltraité, plus oublié, plus déchiré, plus persécuté : je dois donc m'estimer heureux par com-

paraifon avec eux ; je dois bénir le Modérateur fuprême des humains , loin de
m'en plaindre & de murmurer.

N'augmentons pas nous-mêmes nos
maux, & ne diminuons pas les biens
dont nous jouiffons par les fauffes idées
que nous nous en formons. » Ce qui
» prouve que dans nos chagrins l'opi-
» nion & le chimérique l'emportent fur
» le réel, c'eft que les hommes ne font
» point d'accord ni avec eux-mêmes ni
» avec les autres fur le prix de certains
» avantages, fur le degré de peine at-
» taché à quelques inconvéniens ». Non,
remarque fenfément Charron ; » ce n'eft
» pas la vérité ni le naturel des chofes
» qui nous remue & agite notre ame,
» c'eft l'opinion ». Il cite, comme une
preuve fans replique, la diverfité, la
contrariété même des fentimens qui
regnent à la fois, ou tour à tour fur
le même objet. Et nous-mêmes ne
changeons-nous pas fans ceffe, &

d'humeurs, & de goûts & d'idées ?
Voilà l'homme en effet ; il va du blanc au noir ;
Il condamne au matin ses sentimens du soir.

Boil. Sat. 8.

Travaillons donc sur notre esprit comme sur notre caractere : tâchons de fixer nos idées & de les faire concourir à nous rendre heureux, à diminuer l'impression des maux que nous ne pouvons éloigner. Profitons des conseils judicieux de Plutarque, qui veut que nous nous confolions des maux que nous éprouvons par la considération de ceux dont nous sommes affranchis, & par le souvenir des biens dont nous avons joui ; que nous jettions les yeux sur ceux qui seroient contens avec ce que nous avons, & dont nous ne faisons point de cas. Il blâme au contraire fortement cette inclination bizarre, qui nous porte à détourner nos regards de dessus les objets rians & avantageux, pour les arrêter sur ce qu'il y a de plus triste, ressemblant ; lui fait dire Amyot dans

Traité du con
tentement de
l'esprit.

la naïveté de notre ancien langage , » à
» un Marchand de Chio , lequel vendant
» aux autres grande quantité de bon vin,
» alloit par-tout, cherchant & goûtant,
» pour en trouver d'aigre pour son dî-
» ner. Aussi y eût-il un serviteur qui,
» étant interrogé qu'il avoit laissé son
» Maître faisant, ayant , dit-il, beau-
» coup de bien , il cherche du mal. Ainsi
» la plupart des hommes passant par-
» dessus les choses bonnes & desirables
» qu'ils ont, s'attachent aux mauvaises
» & fâcheuses ».

Aristippe entendoit bien mieux ses intérêts. Un de ses amis lui témoignant son
affliction de ce qu'il avoit perdu une de
ses terres , félicitez-moi plutôt, lui ré-
pondit-il, de ce que j'en ai conservé
d'autres. Il est également déraisonnable
& contraire à notre Bonheur de ne tenir
aucun compte des mêmes biens,auxquels
nous mettons un si grand prix quand
nous les avons perdus. Quoi donc ! la

fanté, la paix, la liberté, ces biens inef-
timables, ne commencent-ils à valoir
quelque chofe que du moment qu'ils ne
font plus ?

En un mot, nous-mêmes nous fommes
prefque toujours les artifans de notre
malheur. Ceux-ci ne font point heureux,
parce qu'ils veulent être trop heureux ;
ceux-là, parce qu'ils veulent l'être au-
trement qu'ils ne peuvent l'être ; plufieurs, parce qu'ils prétendent l'être trop
exclufivement, fans s'embarraffer de ce
qu'il peut en coûter aux autres, ce qui
les arme tous contre eux. Prefque tous
s'imaginent ne pouvoir trouver le Bonheur qu'en affouviffant leurs paffions,
en entaffant les richeffes, en fe livrant
à toutes leurs fantaifies : mais s'ils font
fourds au cri de la raifon, l'expérience
du moins devroit les avoir défabufés. Il
eft impoffible que des paffions toujours
tumultueufes, toujours volages, procurent le repos de l'efprit, une félicité

conftante : il eft de leur nature de ne
pouvoir être raffafiées, de s'enflammer
au contraire à mefure qu'on leur pro-
digue les alimens.

Il eft permis de defirer modérément
une aifance convenable à fon état. Mais
la cupidité fait-elle ambitionner les richeffes ? Jamais ce defir déréglé ne fera
fatisfait, & elles feront toujours payées
trop cher. » Celui, dit la Bruyere, qui
» fçait attendre le bien qu'il fouhaite,
» ne prend pas le chemin de fe défefpé-
» rer s'il ne lui arrive pas ; & celui au
» contraire qui defire une chofe avec
» une grande impatience, y met trop du
» fien pour en être affez récompenfé
» par le fuccès ».

Quiconque ne fachant fe réprimer fur
rien, donne l'effor à fon orgueil & à fes
caprices, fans jamais rien accorder au
goût ni à la façon de penfer des autres,
eft fûr de les trouver par-tout ardens à
le traverfer & à lui rendre au centuple

fes hauteurs & fes bizarreries. Il eft fans
doute bien plus aifé, bien plus heureux
de commander à fes fantaifies, de fe
plier à l'humeur de ceux avec qui l'on
vit, que d'avoir fans ceffe les armes à la
main pour les réduire & les fubjuguer.
Dans les chofes indifférentes qui fe préfentent continuellement, vous vous
trouverez bien de fuivre le goût des
autres : l'habitude vous rendra cette
conduite facile & douce : vous aurez le
plaifir le plus pur & le plus flatteur,
celui de gagner tous les cœurs. En leur
cédant à tous, infailliblement vous les
vaincrez tous, & vous les verrez tous
confpirer d'eux-mêmes à votre Bonheur.
Un grand obftacle que nous avons
coutume de mettre à notre Bonheur,
c'eft que nous le voulons trop complet.
Hommes foibles & mortels, nous afpirons au Bonheur des Immortels. Souve-
nons-nous que ce n'eft qu'un effai de la
félicité, qu'une félicité fort imparfaite,

qu'il nous est permis de goûter ici bas. C'est bien plus de nos affections, comme on l'a remarqué, que de nos besoins, que naît le trouble de notre vie ; nos desirs sont immenses ; nos facultés, ainsi que nos besoins, sont très-bornées : de la proportion entre les unes & les autres résulte le repos & le contentement de l'ame. Nous ne pouvons étendre nos facultés ; il ne nous reste qu'à resserrer nos besoins & nos desirs, suivant le plan que la Nature elle-même nous a tracé : j'entends la Nature guidée par la raison, redressée par la Religion, & que la contagion du siécle n'a point gâtée. Elle a circonscrit nos besoins dans des limites fort étroites ; je dis les besoins de l'esprit & du cœur, & encore plus ceux du corps. D'après ce modèle, que nous devons avoir toujours devant les yeux, traçons-nous le systême de Bonheur le plus simple & le moins compliqué.

  » Combien de choses, dit Fontenelle

           » avec

avec autant d'efprit que de vérité,
» feroient néceffaires pour le Bonheur
» du courtifan ! du crédit auprès des
» Miniftres, la faveur du Roi, des éta-
» bliffemens confidérables pour lui &
» pour fes enfans, de la fortune au jeu,
» des Maîtreffes fidèles & qui flattaffent
» fa vanité, enfin tout ce que peut lui
» repréfenter une imagination effrénée
» & infatiable. Cet homme là ne pour-
» roit être heureux qu'à trop grands
» frais. Certainement la Nature n'en
» fera pas la dépenfe ».

Un Bonheur, compofé de tant d'élémens rares, coûteux & difcordans, dont
la durée eft foumife au caprice du hafard, dont le prix eft mobile au gré
de l'imagination, comment parvenir à
le former ? A force peut-être d'agitations & d'efforts bien peu compatibles
avec le Bonheur ? Mais j'accorde tout :
comment enfin le fixer & le conferver ?
Ne reffemble-t-il pas à ces machines

D

trop délicates à la fois & trop compli-
quées, où il y a toujours quelque piece
à refaire & à remonter, qui ont befoin
d'être fans ceffe fous la main de l'ouvrier? Oui le Bonheur, tel qu'on l'am-
bitionne dans le monde, eft un vafte
édifice, dont les matériaux font, pour
la plupart, fi fragiles & fi peu affortis,
que lorfqu'on l'éleve ou qu'on le répare
par un endroit, il s'écroule par cent
autres. La vie n'eft jamais affez longue
pour l'achever. Les plus habiles & les
plus heureux font ceux qui meurent lorfqu'il eft près du comble, & qu'ils croyent
toucher enfin au moment de l'habiter.

Je m'attends à une difficulté qui frappera un grand nombre de mes lecteurs.
Vous faites rire, me dira-t-on, en nous
vantant ce plan fimple de Bonheur, que
nous devons encore refferrer le plus qu'il
eft poffible. Oui fans doute, il fera bien
plus aifé de l'exécuter & de le maintenir.
Mais quelle forte de Bonheur? & prend-

il donc la forme qu'il nous plaît ? Un plan ainſi réduit, l'ouvrage d'un Ecrivain qui a trop de loiſir, à quoi peut-il ſervir ? à repaître une imagination avide de chimeres.

Malheureux ceux qui font de pareilles objeƈtions, & à qui il faut des raiſonnemens pour les convaincre ! Je n'eſpere pas réuſſir à les perſuader. Heureux ceux qui, guidés par la Nature, ſe trouveront dans le ſentier que je viens d'indiquer ! ils n'ont beſoin que d'être avertis de ſe defier des chemins fleuris & ſpacieux qui le traverſent, & de fermer l'oreille aux voix enchantereſſes qu'ils entendront à droite & à gauche.

Sans doute on peut modérer & borner & ſes deſirs & ſes beſoins. Et ſans cela nous reſteroit-il un rayon d'eſpérance ? La Nature ne nous a donné qu'un petit nombre de beſoins : elle nous offre des plaiſirs faciles & ſans retours fâcheux. Oſons la ſuivre.

D ij

La plus modique fortune fournira à tous nos defirs. Nous ferons donc véritablement riches : nous jouirons du repos & du contentement de l'efprit, que nous avons peut-être cherché par - tout ailleurs fans jamais le trouver. Mais donnons - nous entrée aux fantaifies, aux paffions, aux frivolités de la vanité, du luxe & de la mode ? L'expérience de notre fiècle, ajoutée à celle de tous les autres, nous confirme que toujours agités, quelquefois étourdis & amufés, jamais nous ne ferons tranquilles & fatisfaits. Nous pourfuivrons toujours le Bonheur ; & lorfque nous croirons l'avoir atteint, nous ferons auffi affligés que furpris de voir que nous n'avons embraffé que fon fantôme : nous nous reprocherons amerement d'avoir été nous - mêmes les artifans de notre malheur.

Nous en croirons peut-être de célebres Philofophes. Charron recommande fur-

tout « de defirer peu, naturellement &
» modérément : qui ne defire rien, en-
» core qu’il n’ait rien, eft auffi riche que
» celui qui jouit de tout…… & ôte
» toute prife à la fortune. *Nihil intereft*
» *an non habeas, an non concupifcas.* Si
» nous lâchons la bride à l’appétit, pour
» fuivre l’abondance ou la délicateffe,
» nous ferons en perpétuelle peine ; les
» chofes fuperflues nous deviendront
» néceffaires : notre efprit deviendra ferf
» de notre corps, & nous ne vivrons
» plus que pour la volupté… L’opinion
» nous emportera en précipice, où il n’y
» aura ni fond ni rive. Defirer naturel-
» lement, c’eft ce que la Nature de-
» mande, ce qui eft par-tout. Les autres
» defirs font outre nature, procédant
» de notre opinion & fantaifie, artifi-
» ciels & fuperflus, & vraiment paf-
» fion…. Il faut que le Sage s’en garde
» entiérement.

    » **Le malheur & la mifere**, dit très-

La Sageffe,
l. 2. c. 6.

» judicieufement M. Rouffeau, ne con-
» fiftent pas dans la privation des chofes,
» mais dans le befoin qui fe fait fentir ».
Or nos befoins, fi vous exceptez les
befoins de la Nature, très-limités & très-
aifés à fatisfaire, font factices & imaginaires.

 » Le monde réel a fes bornes: le
» monde imaginaire eft infini. Ne pou-
» vant élargir l'un, nous devons rétrécir
» l'autre; car c'eft de leur feule diffé-
» rence que naiffent toutes les peines qui
» nous rendent vraiment malheureux.
» Otez la force, la fanté, le bon témoi-
» gnage de foi, tous les biens de cette
» vie font dans l'opinion. Otez les dou-
» leurs du corps & les remords de la
» confcience, tous nos maux font ima-
» ginaires ..... La prévoyance qui nous
» porte fans ceffe au-delà de nous, &
» fouvent nous place où nous n'arrive-
» rons point, eft la véritable fource de
» nos maux...... Nous n'exiftons plus

» où nous sommes ; nous n'exiſtons
» qu'où nous ne ſommes pas. Les temps,
» les lieux, les hommes, les choſes, tout
» ce qui eſt, tout ce qui ſera, importe à
» chacun de nous : notre individu n'eſt
» plus que la moindre partie de nous-
» mêmes. Chacun s'étend, pour ainſi
» dire, ſur la terre entiere, & devient
» ſenſible ſur toute cette grande ſurface.
» Eſt-il étonnant que nos maux ſe multi-
» plient dans tous les points par où l'on
» peut nous bleſſer ?

Voilà comme l'image & l'appas d'un faux Bonheur font illuſion à la plupart des hommes, & les écartent pour jamais de la route du vrai Bonheur. Faiſons tous nos efforts pour découvrir en quoi conſiſte ce vrai Bonheur, & quelle eſt la route qui y conduit. Nous n'aurons jamais d'objet plus important à éclaircir.

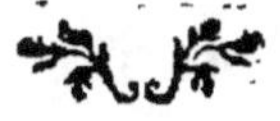

SECTION III.

En quoi consiste l'essence du BONHEUR ?

QUELLE idée le commun des hommes a-t-il du Bonheur ? qu'en pensent ceux dont l'occupation principale est de méditer profondément sur la nature, les devoirs & la condition de l'homme ? Que nous en dit notre propre cœur, lorsque nous rentrons en nous - mêmes ? Que nous apprend notre expérience personnelle , celle des sociétés au milieu de qui nous vivons ?

Nous regardons comme heureux celui qui est constamment tranquille & content de son état, qui ne s'agite point, ni ne déplace point les autres pour en sortir, qui attend sa derniere heure sans la desirer ni la craindre. Le Bonheur est donc une situation fixe & stable : ainsi les passions, les scènes rapides de la vie ne peuvent former l'essence du Bonheur. Il suppose une condition assortie à notre goût & à nos forces, la vertu & un caractere d'esprit égal & modéré pour bases. Il n'est point d'autre base solide.

Cet état de paix & de contentement, voilà donc le fond du Bonheur. Mais ce fond, que rien ne releveroit ni ne diversifieroit, paroîtroit trop uniforme, & peut-être insipide. Que faut-il y ajouter ? Je m'explique par une comparaison qui aura peut-être elle-même le mérite de jetter pour un moment de la variété dans un sujet aussi uniforme qu'il est intéressant.

Aux premiers jours du Printemps, lorsque la Nature renaît, & que nous semblons renaître avec elle, nous sommes impatiens de rompre les liens qui nous enchaînent à la ville. Rassasiés du luxe & des prestiges de l'art, nous fuyons pour aller respirer un air plus pur, jouir de nous-mêmes & de la liberté, pour jouir du simple & ravissant spectacle que nous offre une riante campagne. Nos regards tombent voluptueusement sur le verd naissant d'une vaste prairie. Cependant la plus douce des couleurs seule ne les arrêteroit pas assez long-temps. Mais que la verdure soit émaillée de fleurs épanouies ou à demi écloses, caressées par l'haleine parfumée du zéphyr; qu'un clair ruisseau les baigne de son onde, qu'il semble, par un doux murmure, se plaindre d'être obligé de fuir de ces lieux enchantés; que les oiseaux, échauffés des mêmes sentimens qu'éprouvent alors tous les êtres qui respirent, viennent se jouer sur les arbustes qui ombragent ses bords, y chanter leurs plaisirs & celui à qui ils les doivent: alors l'ame remuée, attendrie, se livre à de douces rêveries. Ce n'est qu'à regret qu'on s'arrache de cette délicieuse scène, pour retomber dans le tourbillon des pervers & misérables humains.

Ainsi le fond même du Bonheur, l'état
de paix & de contentement, a besoin
d'être égayé & diversifié par les plaisirs.
Il est d'une extrême importance de discerner quels doivent être ces plaisirs.

Les plaisirs peuvent contribuer au
Bonheur; mais il n'en est aucun qui soit
le Bonheur même. Il en est plusieurs qui
le troublent ou le mettent en fuite pour
toujours. Les uns sont portés à un trop
haut prix; la jouissance ne peut indemni-
ser des avances qu'il faut faire pour
les acheter. D'autres, d'autant plus à
craindre qu'ils s'offrent d'eux - mêmes,
font maudire toute la vie leurs perfides
douceurs.

L'essence du Bonheur consiste dans le
sentiment, dans un sentiment doux &
délicieux, qui dilate l'ame & la remplit.
Le degré du Bonheur dépend donc du
degré & de la vivacité du sentiment.
Mais ce n'est pas assez que le sentiment
soit doux, vif, délicieux; il faut encore

qu'il foit innocent, durable, avoué par
la raifon. Quel Bonheur efpérer de plaifirs momentanées, qui font fuivis de longues douleurs, &, ce qui eft plus redoutable encore, qui traînent après eux la
honte & les remords !

Entreprendrons-nous de peindre, de
définir le Bonheur ? il échappe au pinceau
d'un Apelle ; & l'ennuyeufe & prolixe
aridité des Philofophes nous prouvant
trop qu'ils ne l'ont jamais connu, ne
nous permet pas d'attendre d'eux l'idée
jufte du Bonheur. Ce feroit à celui qui
l'a goûté à nous le faire connoître; lui
feul le connoît. Mais fe feroit-il bien
entendre des malheureux mortels, qui
regardent le Bonheur comme la chimere
de la Philofophie ? D'ailleurs l'homme
heureux & content de jouir ne s'avife
guere de differter fur fon état.

Le plus grand de nos Poëtes & le plus
éloquent de nos Profateurs, fe réuniffent
ici. » Jaloux, dit M. Rouffeau, d'un fen-

» timent fi doux, en le goûtant on y
» penfe, on le favoure, on craint de
» l'évaporer. Un homme vraiment heu-
» reux ne parle guere & ne rit guere ;
» il refferre, pour ainfi dire, le Bonheur
» autour de fon cœur ».

M. de Voltaire dit la même chofe du Bonheur, fous le nom de *Macare*, qui en grec fignifie heureux.

> Macare, c'eft toi qu'on defire :
> On t'aime, on te perd, & je croi
> Que je t'ai rencontré chez moi ;
> Mais je me garde de le dire,
> Quand on fe vante de t'avoir,
> On en eft privé par l'envie :
> Pour te garder, il faut fçavoir
> Se cacher, & cacher fa vie.

Puifque nous ne pouvons efpérer d'inftructions de ceux qui devroient feuls parler du Bonheur, nous fommes réduits à adopter les idées qui nous ont paru les plus exactes parmi celles que nous ont données les Philofophes. *Le Bonheur eft*

un état de paix & de contentement, parsemé
de plaisirs sans amertume & sans remords,
qui en égayent le fond. Ainsi par-tout où
règnent des passions tumultueuses & in-
satiables, le Bonheur ne peut trouver
place. Ambitieux, avares, voluptueux,
qui que vous soyez, que tyrannisent des
desirs violens & effrénés, vous vous
abusez étrangement, en croyant courir
après le Bonheur : chaque pas que vous
faites vous en éloigne. Voulez-vous entrer dans la route qui y conduit ? com-
mencez donc par sortir de celle où vous
traînent les passions. Il vous en coûtera
le sacrifice de ce qui vous est le plus
cher, je le veux : mais la paix de l'ame,
cette sérénité douce & inaltérable que
vous ne connoissez pas, en un mot le
Bonheur est à ce prix. Les plaisirs, quand
la vertu ne les marque point de son sceau,
quand la tempérance n'en regle point la
mesure, infectent & offusquent l'ame de
leurs vapeurs impures, alterent & éner-

vent le corps, font fuir le Bonheur, au lieu de l'arrêter par de nouveaux nœuds.

Voyons donc quand & jufqu'à quel point les plaifirs peuvent contribuer au Bonheur, & faire une diverfion utile aux foucis & aux maux dont la vie humaine eft femée. Nous irons par degrés. Des plaifirs des fens nous pafferons aux plaifirs de l'efprit, pour finir par les plaifirs de l'ame. M. Rouffeau fe propofe la même queftion qui nous occupe ici, *en quoi confifte la fageffe humaine, ou la route du vrai Bonheur?* Il y répond en deux mots: » à diminuer l'excès des defirs fur » les facultés, & à mettre en égalité » parfaite la puiffance & la volonté… » Plus l'homme eft refté près de fa con- » dition naturelle, plus la différence de » fes facultés à fes defirs eft petite, & » moins il eft éloigné d'être heureux ». Affurément cette condition eft indifpen- fable pour le Bonheur; & elle fuffiroit, fi l'homme n'étoit qu'un être fenfible &

physique, ou si l'on suppose que la raison
& la sagesse président constamment à
l'exercice de nos facultés, à l'usage de
notre puissance. Voilà précisément ce
que nous nous proposons d'examiner ;
en quoi consiste cet exercice, cet usage,
toujours légitime, toujours raisonnable.
Et par-tout nous appuyerons sur cette
modération, cette proportion exacte de
nos desirs avec nos facultés, de notre
volonté avec notre puissance, où M.
Rousseau place l'essence de la sagesse
humaine & du Bonheur.

SECTION

SECTION IV.

Comment les plaisirs des sens peuvent con-
tribuer au BONHEUR, & y nuire.

ON ne s'attend pas que j'épuise ici
l'article des plaisirs, ni que j'examine scru-
puleusement quel poids ils peuvent mettre dans la balance du Bonheur ; c'est
une tâche que je laisse à la philosophie de
nos jours, qui la remplit parfaitement.
Sans doute les plaisirs des sens ne sont
que trop connus & trop recherchés.
L'instinct s'y porte de toute la vivacité
du tempérament. La raison, trop souvent avilie & corrompue, se charge de
leur apologie, & réussit sans peine à justifier aux yeux des partisans de la volupté une morale & des principes qu'A-
ristippe & qu'Epicure ne désavoüeroient
point. Car, comme l'a si bien dit notre
grand Rousseau,

Loin que la raison nous éclaire,

L. 2. Od. 9.

E

Et conduife nos actions,
Nous avons trouvé l'art d'en faire
L'Orateur de nos paffions.
C'eft un fophifte qui nous joue,
Un vil complaifant qui nous loue
A tous les fous de l'Univers,
Qui, s'habillant du nom de Sages,
La tiennent fans ceffe à leurs gages,
Pour autorifer leurs travers.

Mais comment la raifon peut-elle fe dégrader, jufqu'à fe plaindre qu'elle ne peut rien pour le Bonheur, jufqu'à l'attendre de ce qui eft fi fort au-deffous d'elle? L'homme méconnoît donc ainfi la plus noble partie de fon être! il forcé à defcendre vers la terre, felon l'expreffion d'Horace, l'étincelle de la Divinité qui l'anime, & qui tend fans ceffe à s'élever, & à l'élever avec elle jufqu'au lieu de fon origine!

Ne calomnions point les fens; ne leur conteftons pas les agrémens & les avantages fans nombre dont l'Auteur de la Nature a voulu qu'ils fuffent pour nous les canaux : l'outrage retomberoit ſur lui. Mais ne nous aveuglons pas non plus juſqu'à croire qu'ils puiſſent faire notre Bonheur : ils ſeroient bien plutôt capables de faire notre malheur.

» Il n'y a, ſelon la remarque d'un » célebre Philoſophe moderne, que » quelques parties du corps qui puiſſent » nous procurer des plaiſirs, toutes » nous font éprouver de la douleur. Les » plaiſirs du corps diminuent par la du- » rée, & la peine augmente: Le trop » long & trop fréquent uſage des objets » qui cauſent les plaiſirs du corps, con- » duit à des infirmités. Il en eſt de même » des objets qui cauſent de la douleur : » la meſure des plaiſirs que notre corps » nous peut faire goûter, eſt fixe & bien » petite : ſi l'on y verſe trop, on en eſt » puni. La meſure des peines eſt ſans » bornes, & les plaiſirs même contri- » buent à la remplir ».

La ſageſſe & la bienfaiſance de l'Au-

Maupertuis ; Eſſai de Phi- loſophie mo- rale.

teur de notre être se montrent par-tout
à des yeux éclairés & attentifs. Il a
voulu que l'usage modéré de nos sens,
& conforme à la nature, fût toujours
accompagné de plaisir. Il nous invite,
par ce puissant attrait, à pourvoir aux
vrais besoins du corps. Le plaisir croît
à proportion que le besoin est plus pres-
sant, & que l'intérêt de la société se
trouve mêlé avec l'intérêt personnel.

Mais se livre-t-on sans choix & sans
retenue au plaisir ? il devient bientôt une
source d'amertume & de repentir : l'é-
puisement & la satiété sont les suites les
plus douces que nous puissions attendre.

Un discours fort connu sur *la nature
du plaisir*, nous offre des vérités intéressantes, embellies des couleurs de la
poésie ; mais la morale n'en est pas toujours irrépréhensible. Il seroit dangéreux
de prendre tout à la lettre & sans user
d'une sage restriction.

M. de Volt. Sur les pas de Calvin, ce fou sombre & sévère,

Croit que Dieu, comme lui, n'agit qu'avec colere.
Je crois voir d'un Tyran le Miniſtre abhoré,
D'Eſclaves qu'il a faits triſtement entouré,
Dictant d'un air hideux ſes volontés ſiniſtres.
Je cherche un Roi plus doux, & de plus doux
    Miniſtres.
Timon ſe croit parfait depuis qu'il n'aime rien.
Il faut que l'on ſoit homme, afin d'être Chrétien.
Je ſuis homme, & d'un Dieu je chéris la
    clémence.
Mortels venez à lui, mais par reconnoiſſance.
La Nature attentive à remplir vos deſirs,
Vous appelle à ce Dieu par la voix des plaiſirs.
Nul encor n'a chanté ſa bonté toute entiere.
Par le ſeul mouvement il conduit la matiere,
Mais c'eſt par le plaiſir qu'il conduit les humains.
. . . .
Par-tout d'un Dieu clément la bonté ſalutaire
Attache à vos plaiſirs un plaiſir néceſſaire :
Les Mortels en un mot n'ont point d'autre
    moteur.

Rien de plus judicieux & de plus
meſuré que les vers que nous allons
encore citer.

Le Ciel nous fit un cœur, il lui faut des deſirs....

                         Stoïques abusés,
Vous voulez changer l'homme & vous le dé-
     truisez.
Usez, n'abusez point, le Sage ainsi l'ordonne.
Je fuis également Epictete & Pétrone.
L'abstinence ou l'excès ne fit jamais d'heureux.
Je ne conclus donc pas, Orateur dangereux ;
Qu'il faut lâcher la bride aux passions humaines.
De ce coursier fougueux je veux tenir les rênes.
Je veux que ce torrent, par un heureux secours,
Sans inonder nos champs, les abreuve en son
     cours.
Vents épurez les airs & soufflez sans tempêtes.
Soleil, sans nous brûler, marche & luis sur nos
     têtes.

    Il est de la plus grande conséquence pour le Bonheur, ainsi que pour la vertu, de se rendre attentif à la voix des plaisirs, qu'on nous représente ici comme la voix qu'emprunte la Divinité pour parler aux humains. Il faut bien distinguer la voix des plaisirs innocens, & que nous offre en effet *d'un Dieu clément la bonté salutaire*, d'avec la voix perfide des Sirènes, contre lesquelles la sagesse même du Paganisme nous crie de nous prémunir.

Qui peut ignorer que la voix des plaisirs ne nous appelle pas toujours à Dieu, que souvent ce Juge suprême & redoutable fait entendre à nos cœurs une voix bien différente, que *les mortels en un mot ont un autre moteur ?* Il ne faut pas confondre avec l'appas du plaisir l'attrait du Bonheur, qui effectivement nous accompagne & nous meut dans tous les lieux & dans tous les temps. Il n'est pas rare que la voix austere du devoir & la voix enchanteresse du plaisir nous appellent en des lieux tout opposés. Mais le sentier étroit & escarpé du premier aboutit toujours au Bonheur, tandis que les chemins rians & fleuris des plaisirs en éloignent quelquefois pour jamais.

Prétendre que le plaisir est le seul ressort qui remue le cœur humain, & par conséquent un ressort nécessairement victorieux, c'est sapper, pour ne pas employer les armes que fournit la Théologie, c'est sapper la morale par les fonde-

E iv

mens, dépouiller l'homme de son plus
beau privilége, la liberté : c'est ôter aux
loix toute leur énergie, taxer tous les
Législateurs de folie ou de tyrannie ; c'est
confondre le vice & la vertu, ouvrir la
porte à tous les désordres, étouffer jusqu'au remords & à la honte, les seuls
freins & les seuls supplices qui puissent
arrêter le crime caché ou triomphant,
le venger ou l'effacer.

Mais sans doute il ne faut pas presser
rigoureusement une saillie poétique,
comme un dogme réfléchi d'un Philosophe. Et quel est le Philosophe, quel est
même le Poëte qui ne convienne que
nous devons apporter le plus grand
discernement dans le choix & la mesure des plaisirs ? Sans quoi, loin d'être le
Bonheur même, comme on se l'imagine,
ils y nuisent plus souvent qu'ils n'y
contribuent. Ce sont des biens, mais fort
équivoques : ils demeurent biens pour le
Sage qui sçait en user, ils se tournent

en maux pour tout autre qui en abuse.
L'illustre Ecrivain que je viens de citer,
s'explique lui-même ou se réforme ailleurs. Le lecteur me sçaura gré de lui
mettre encore sous les yeux un morceau
de cette poésie légere & harmonieuse,
qui devient, il faut en convenir, de jour
en jour plus rare parmi nous.

Les plaisirs sont les fleurs que notre divin Maître
Dans les ronces du monde autour de nous fit
   naître.
Chacune a sa saison ; & par des soins prudens,
On peut en conserver dans l'hiver de nos ans.
Mais s'il faut les cueillir, c'est d'une main légere :
On flétrit aisément leur beauté passagere.
N'offrez pas à vos sens, de mollesse accablés,
Tous les parfums de Flore à la fois exhalés.
Il ne faut point tout voir, tout sentir, tout en—
   tendre.
Quittons les voluptés, pour sçavoir les reprendre.
Le travail est souvent le pere du plaisir.
Je plains l'homme accablé du poids de son loisir.
Tout vouloir est d'un fou, l'excès est son par-
   tage.
La modération est le trésor du Sage.

*Discours 4e
de la Modé-
ration.*

Il faut régler ses goûts, ses travaux, ses plaisirs,
Mettre un but à sa course, un terme à ses desirs.

Manuel.
Maxime 60ᵉ.

Epictete, avec son laconisme ordinaire, nous donne un excellent conseil : mais qui aura le courage de le pratiquer ? *Si l'imagination vous invite fortement à la volupté, prenez du temps pour réfléchir : comparez avec le temps de la jouissance celui du remords & du repentir qui la suivent de près. Opposez à cette courte ivresse la douce & durable satisfaction que vous éprouverez d'y avoir résisté.* Après cela choisissez la volupté, si vous l'osez.

La premiere qualité indispensable des plaisirs, pour qu'ils puissent entrer dans les élémens du Bonheur, c'est qu'ils soient innocens, que la raison les conseille, que la Religion les permette, que la tempérance en regle & le nombre, & la vivacité & la durée.

Le plaisir du corps, quelque enchanteur qu'on le suppose, peut-il rendre heureux celui dont il souille & avilit l'ame, &

qui est forcé de se le reprocher à lui-
même, à moins qu'il ne soit parvenu à
s'abrutir ? Peut-il rendre heureux, lorsqu'après une jouissance d'autant plus
courte qu'elle fut plus vive, il n'en reste
que la honte de s'y être abandonné, le
regret d'avoir troublé l'ordre de la société, manqué à des engagemens sacrés, de
s'être prévalu de la foiblesse & de l'égarement de la passion ? Si le voluptueux
n'a pu secouer le joug de la Religion,
elle le déchire par le remords, elle
l'effraye par ce qu'elle lui laisse entrevoir
à la lueur de son flambeau ; & s'il avoit
pu dire non-seulement dans son cœur,
mais dans son esprit, *il n'est point de
Dieu vengeur ni rémunérateur*, cette monf-
trueuse stupidité mettroit le comble à sa
honte & à son infortune, qui seroit dès-
lors sans ressource.

Quelque légitime même que puisse être
le plaisir, il n'est pas moins nécessaire de
le renfermer dans de justes bornes. L'en-

nui d'être toujours dans les plaisirs devient enfin le plus insupportable de tous:
rien de plus difficile que de réveiller un
goût émoussé, de ranimer un cœur épui-
sé. « Tout l'art, dit judicieusement le
» Philosophe de Genève, qu'employe
» une ame sage, pour donner du prix aux
» moindres choses, c'est de les refuser
» vingt fois pour en jouir ; & c'est ainsi
» qu'elle conserve toujours son premier
» ressort ; que son goût ne s'use point ;
» & qu'en accoutumant sans cesse ses
» passions à l'obéissance & ses desirs à
» plier sous la regle, elle reste maîtresse
» d'elle - même, qu'elle est heureuse.
» S'abstenir pour jouir, c'est la philoso-
» phie du Sage, c'est l'épicuréisme de
» la raison. Si un jour de satiété vous ôte
» un an de jouissance, c'est une mauvaise
» philosophie d'aller toujours jusqu'où
» le desir nous mène........ Prévenir
» toujours les desirs, n'est pas l'art de
» les contenter, mais de les éteindre ».

Les éteindre! si du moins les excès de la volupté se terminoient là. Mais qui peut ignorer les suites funestes qu'ils entraînent trop souvent après eux? des infirmités & des douleurs incurables pour des plaisirs momentanées ; une vieillesse prématurée & aussi honteuse que celle qui couronne une longue suite d'années & de travaux utiles à la Patrie, est douce & vénérable.

Mais du moins est-on heureux, tandis qu'on s'abandonne à la volupté ? Eh! quel Bonheur pour l'homme que celui dont se trouve exclue la partie la plus noble de son être ! Quel Bonheur qui en suspend ou en trouble toutes les fonctions, qui ne pourroit le contenter & le fixer, à moins qu'il ne fût confondu avec la bête ! Le Bonheur est un état conforme à la Nature, un état stable, que ne peuvent altérer ni la crainte ni le trouble, que la honte ni le repentir ne suivent jamais.

Mais comment un si grand nombre

d'hommes courent-ils après les plaifirs,
fi le Bonheur ne s'y trouve pas? c'eft
qu'il n'y a que le très-petit nombre qui
mérite de connoître & de fentir qu'on
ne peut trouver le Bonheur qu'en jouif-
fant de foi-même, & en cultivant les fruits
de toutes les vertus. Dans un fiecle, où
l'on voit chaque jour éclore de nouveaux
effaims de Philofophes, qui, après avoir
brifé les fers de tous les préjugés anti-
ques, fe glorifient de prendre un vol
fublime, d'où ils apperçoivent à peine la
terre & le peuple fuperftitieux qui s'y
traîne, il eft trifte qu'on ne puiffe fe
diffimuler que prefque tous néanmoins
efclaves des fens, & concentrés dans
la fphère étroite des plus vulgaires
paffions, ne font effectivement remués
& chatouillés que par les amorces de l'intérêt & de la volupté.

Mais auffi trouva - t - on jamais parmi
eux un feul heureux; parmi ceux-même
qui, placés à la fource des plaifirs, s'en

abreuvent à longs traits ? Nous le voyons tous les jours, la soif qui fait leur tourment, s'allume à mesure qu'ils s'efforcent de l'éteindre. Tel est l'effet nécessaire de l'excès dans les plaisirs : trop souvent répétés, ils ont deux inconvéniens également inévitables. » Ils changent de natu- M. Rousseau.
» re, en se tournant en habitude ; ils
» cessent d'être plaisirs, & deviennent
» besoins : c'est à la fois une chaîne qu'on
» se donne & une jouissance dont on se
» prive «.

Tout particulier, ne fût-il qu'un sage Epicurien, sera donc aussi modéré dans l'usage des plaisirs que circonspect dans le choix. L'homme d'Etat les prodiguera en quelque sorte par-tout où une foule de citoyens & d'étrangers oisifs & embarrassés du fardeau du temps s'en procureroient infailliblement, qui pourroient intéresser le repos des familles, la pureté des mœurs, la sûreté même du gouvernement. « Dans une grande ville, pleine M. Rousseau.

» de gens défœuvrés, fans religion, fans
» principes..... la police ne fçauroit trop
» multiplier les plaifirs permis, ni trop
» s'appliquer à les rendre agréables, pour
» ôter aux particuliers la tentation de
» s'en procurer de plus dangereux ».

L'homme d'Etat fera quelquefois averti par les circonftances de porter l'indulgence plus loin. Il fe doit à tous, & fon but n'eft pas de procurer le plus grand bien idéal de la République, en extirpant fans exception tous les maux & tous les défordres. C'eft la chimere de la politique : elle ne lui fera point prendre le change. Il fe borne à embraffer dans fes vues le bien poffible, & il fçait le tirer du fein même du mal & de l'abus qu'il n'autorife jamais, mais qu'il tolère prudemment, lorfque la force de l'habitude, l'influence des caufes phyfiques ou morales lui apprennent qu'il feroit téméraire d'entreprendre de les déraciner, & dangereux d'y réuffir.

Le

Le citoyen vertueux, & digne de trouver le Bonheur que nous cherchons ici, plein d'indulgence pour les autres, n'ufera jamais pour lui de cette tolérance forcée : il aura dans lui-même, dans fon état, dans la pratique de fes devoirs, des reffources auffi fûres qu'honorables. Mais ne prévenons pas ce que nous avons à dire là-deffus. Nous avons tâché de ne rien outrer dans le compte que nous avons rendu des plaifirs des fens. Renfermés dans de juftes bornes, ils ne font pas inutiles pour le Bonheur, quoique jamais ils ne puiffent en faire la bafe. En ufer modérément, c'eft entrer dans les vues de l'Auteur de la Nature, dont la main compatiffante les a verfés fi libéralement fur notre trifte demeure. Pris à propos, ils contribuent à réparer & à remonter les refforts de notre machine, à jetter de l'agrément & de la variété dans le commerce de la vie, à fufpendre pour quelques inftans le cours des tra-

vaux & des foucis , à dérider le front de
la vertu qui paroîtroit trop auftere , &
rebuteroit à coup fûr la jeuneffe & l'enfance. Et prefque tous les hommes ne
font-ils pas un peu enfans à cet égard ?

Le flambeau de la raifon nous éclaire
pour choifir les plaifirs , les compter &
les refufer. La faine Philofophie, appuyée
de l'expérience de tous les fiécles , nous
apprend que l'excès en eft auffi nuifible
au Bonheur que la privation totale en eft
impratiquable. Ils font indignes de l'homme , fi la raifon ne les avoue point : ils
acquierent un tout autre prix, quand elle
a l'art de les fortifier & de les relever
par les nobles & folides plaifirs de l'ame
& de l'efprit.

SECTION V.

Comment peuvent contribuer au BONHEUR les plaisirs de l'esprit & des Lettres ?

LES plaisirs des sens suffisent à qui n'a que des sens. L'être raisonnable se dégraderoit, s'il vouloit s'y borner : il se dégraderoit en pure perte. Ils peuvent l'étourdir & l'enivrer, jamais le fixer ni le rassasier : ils ne peuvent fournir qu'aux besoins les plus grossiers. Eux-mêmes, non-seulement grossiers, non-seulement fugitifs comme un vain songe, mais bientôt insipides, fatiguans, pernicieux, s'ils sont poussés trop loin, s'ils reviennent trop fréquemment ; pour les épurer, pour leur donner & de la délicatesse & de la solidité, pour les rendre dignes de l'homme, il faut les associer aux plaisirs de l'esprit & du cœur. C'est alors que s'annoblissant, se spiritualisant en quelque

F ij

forte, ils méritent d'être recherchés par les ames du premier ordre , & d'entrer dans la composition de la solide volupté.

Les plaisirs même de la table au milieu de ses amis, dans une société choisie, changent de nature. O nuits délicieuses, soupers des Dieux, s'écrioit Horace ! L'expression n'est pas outrée : elle ne fait que rendre le sentiment qui le transportoit , lorsque Mécène venoit se placer entre Virgile & lui.

Térence assis à côté de Scipion & de Lélius, n'auroit pas changé ses légumes contre nos festins les plus exquis. Et quel est le Sage ou le Héros qui n'eût ambitionné d'être des parties formées par ces illustres Républicains, les Cicérons, les Varrons, les Brutus, les Catons, les Atticus, les Lucullus ; joignons-y celui qui triompha des trois parties du monde alors connu, & son Vainqueur. Mais nous n'avons pas besoin de recourir à des exemples étrangers ; quels festins

pour un homme de Lettres que ceux où
se rassembloient ces Hommes bien dignes
d'être amis, les admirateurs & les rivaux
des Grecs & des Romains, de qui ils
apprirent à les atteindre, & quelquefois
à les devancer, Boileau, Molière, Racine,
la Fontaine !

Quel charme d'entendre ces grands
Maîtres, dont le coup-d'œil sûr & perçant embrassoit toute la sphère des Lettres, en démêloit les abus, en traçoit les
routes, en marquoit les écueils, & fixoit
à chacun son véritable rang ! la Fontaine
même, muet à la table d'un Financier,
où il se trouvoit déplacé, s'échauffoit,
s'élevoit, quand il se trouvoit avec ses
pairs ; & son ame insensible à tout ce qui
frappe le vulgaire des esprits, sortoit de
son assoupissement, lorsqu'on lui propo-
soit un objet digne d'elle, ou qu'il s'agis-
soit d'animer toute la Nature. Eh ! quel
surcroît de plaisir de les entendre confondre, s'ils daignoient le faire, leurs

audacieux & ridicules cenfeurs, qui re-
fufent à l'un le fentiment & l'efprit, à
l'autre la connoiffance de la langue, à
celui-là le goût, à tous le mérite & le
ton de Philofophe ; mais qui prouvent
parfaitement une chofe, c'eft qu'incapables de fentir ce qu'ils valent, ils font
indignes de les lire.

Nous les avons perdus ces Hommes
immortels & leurs rivaux, que je n'ai
pas befoin de nommer : mes Lecteurs
m'ont prévenu. La Nature femble s'être
épuifée à les produire. Peut-on fe flatter
de réparer jamais des pertes irréparables ?
mais ils ne font pas morts tout entiers : la
plus noble partie de ces grands Hommes
vit encore au milieu de nous : nous
pouvons les entendre, converfer nuit &
jour avec eux. Les flammes qui fortent,
fi je puis le dire, de leurs écrits, éclai-
rent, échauffent, embrafent quiconque
eft né avec une étincelle du feu célefte
qui les animoit.

Quelles sources intarissables de délices,
de volupté pure & toujours nouvelle
dans les Ouvrages des illustres Ecrivains
du siècle de Louis XIV, des siècles
d'Auguste & d'Alexandre !

Je vois à leur tête le plus ancien, le
plus harmonieux & le plus sublime des
Poëtes, qui, pour enchanter l'esprit,
l'ame & l'oreille, a déployé les ressources
du génie le plus heureux, & prodigué les
trésors de la plus riche de toutes les langues. Du sujet le plus simple, quelle foule
d'évenemens il fait éclore, de tableaux,
de passions, de discours, de leçons tou-
chantes, de faits héroïques, de fictions
divines ! O colère d'Achille, que tu es
féconde en miracles ! Quelle variété,
quelle énergie, quelle vigueur & quel
intérêt dans les caracteres ! quel feu, qui
va toujours croissant ! quelle magie de
Poésie ! quel torrent égale la rapidité de
sa course ! Par-tout la Nature, la Nature
toujours belle de sa propre beauté, &

dédaignant les fausses couleurs de l'art.
Par-tout il remue, il saisit, il transporte,
il suspend du moins pour quelques instans
le sentiment des soucis & des peines de
la triste humanité. Mais c'est aux grands
hommes à louer les grands hommes.

A la source d'Hippocrène
Homère ouvrant ses rameaux,
S'élève comme un vieux chêne
Entre de jeunes ormeaux.
Les savantes immortelles,
Tous les jours de fleurs nouvelles
Ont soin de parer son front;
Et, par leur commun suffrage,
Avec elles il partage
Le sceptre du double Mont.

Le Législateur du Parnasse avoit dit
avant Rousseau:

On diroit que pour plaire, instruit par la
Nature,
Homère ait à Vénus dérobé sa ceinture.
Son Livre est d'agrémens un fertile trésor:
Tout ce qu'il a touché se convertit en or.
Tout reçoit dans ses mains une nouvelle grace;

Rousseau, l.
3, Ode à
Malherbe.

Art Poétiq.
ch. 3.

Par-tout il divertit & jamais il ne laſſe.
Une heureuſe chaleur anime ſes diſcours ;
Il ne s'égare point en de trop longs détours.
Sans garder dans ſes vers un ordre métho-
    dique,
Son ſujet de ſoi-même & s'arrange & s'ex-
    plique.
Tout, ſans faire d'apprêts, s'y prépare aiſé-
    ment.
Chaque vers, chaque mot court à l'évenement.
Aimez donc ſes écrits, mais d'un amour ſincere.
C'eſt avoir profité que de ſavoir s'y plaire.

Après Homère, je vois dans tous les genres des Ecrivains qui ont ſçu réunir tous les ſuffrages, en réúniſſant le double mérite d'inſtruire & de plaire. Les uns, par une ingénieuſe & fidèle peinture des mœurs & des ridicules, ouvrent aux accès de la joie les cœurs les plus ſerrés ; les autres, en donnant à des malheurs feints les couleurs de la vérité, en reſ-ſuſcitant, par le charme de l'art, les Héros & les Princes, dont ils étalent ſur la ſcène les cataſtrophes, vous font éprouver, en vous faifant frémir, les plus vifs & les plus doux tranfports, vous inondent de larmes plus délicieufes que les ris. Celui-ci vous amufe par des chants, qui n'ont d'autre défaut que de refpirer trop vivement les plaifirs & l'amour. Celui-là, par les fons fublimes de fa lyre, vous éleve jufque dans les cieux.

Le Père de l'Hiftoire, par la douceur & les graces inimitables de fa narration, ravit d'admiration les plus excellens Juges qui furent jamais, la Grèce affemblée aux Jeux Olympiques. Le digne Emule d'Hérodote, par la vigueur & la majefté de fon ftyle, femble avoir voulu s'égaler aux Héros dont il nous a tranfmis les difcours & les exploits.

Platon fait parler à la Philofophie le langage des Grâces, & l'embellit des plus riches ornemens de la Poéfie. Démofthène emprunte de la Dialectique fon arme invincible, & lance tous les foudres de l'éloquence.

Si d'Athènes nous passons à Rome,
nous verrons que les Vainqueurs des
Grecs ne leur enlevent pas, il est vrai,
mais partagent encore avec eux les lauriers d'Apollon. Nous admirerons des
ouvrages qui feront les délices des esprits, tant que le goût du beau & du
grand, tant que l'amour du vrai régnera
sur la terre. Trois Hommes sur-tout frap-
pent mes regards. Ils semblent seuls vouloir lutter contre cette foule de Héros
de la Littérature, auxquels la Grèce se
vante d'avoir donné le jour: ils ont la
gloire de partager les suffrages, & de
laisser la victoire indécise.

Le premier tout ensemble le Prince
des Philosophes, le modèle des Orateurs,
le maître des Rhéteurs, que n'a-t-il pas
traité? & tout ce qu'il traite, il l'éclaire,
l'aprofondit, l'embellit : il fait tomber la
plume des mains à tous ceux qui auroient
voulu s'essayer sur de pareils sujets. En
le décomposant, si je puis ainsi m'expri-

mer, on trouve en lui plusieurs hommes fort différens, & quels hommes! un Platon, un Aristote, un Isocrate, un Eschine, un Démosthène, un Denys d'Halicarnasse, un Longin......

Horace a répété pour les Muses romaines les merveilles que Cicéron avoit prodiguées pour la prose. Par une souplesse & par une fécondité de génie admirable, il déploie tour à tour les talens & les caractères qui distinguent les plus fameux Poëtes de la Grèce, la force d'Archiloque, la noblesse d'Alcée, les graces d'Anacréon, le sentiment de Simonide, la passion de Sapho, l'enthousiasme même & le sublime désordre de Pindare. Il porte le premier les cadences grecques sur la lyre latine; & dans un genre inconnu aux Grecs, il s'éleve au-dessus de l'Inventeur, qu'il fait oublier. Il mérite de devenir le Législateur de son art, & d'en être lui-même regardé comme la règle.

Je ne puis me refuser au plaisir de

copier le portrait que trace d'Horace un de fes plus illuftres imitateurs: il n'eft que d'un trait, & il eft achevé.

> Non moins brillant, quoique fans étincelle ,
> Le feul Horace en tous genres excelle.
> De Citherée exalte les faveurs ,
> Chante les Dieux, les Héros, les Buveurs,
> Des fots Auteurs berne les vers ineptes,
> Nous inftruifant par gracieux préceptes ,
> Et par fermons de joie antidotés.

Roufleau,
Liv. 1, Ep. 3.

Prenant un eflor encore plus auda-cieux, Virgile, après avoir embouché le fimple chalumeau, chanté les jeux & les amours des Bergers, les dons de Cérès, de Pomone & de Bacchus & la république des abeilles, aufli naturel & aufli harmonieux, mais plus relevé que Théocrite ; maître des Laboureurs, aufli inftruit & bien plus aimable qu'Héfiode; rival d'Homère, il fait tout à coup re-tentir la trompette héroïque, chante la cataftrophe de Troie & l'infortune de Didon, prophétife les hautes deftinées de Rome.

Art. Poétiq.
ch. 3.

De Styx & d'Achéron *il peint* les noirs torrens,
Et déja les Céfars dans l'Elifée errans.

Moins grand, moins hardi, moins rapide que fon modèle, plus régulier, plus fage, plus égal; avec moins de beautés peut-être, mais avec moins de défauts. L'Iliade paroît le chef-d'œuvre de la nature & du génie tout pur, l'Enéïde celui de l'art & du goût. Tous deux allant ensemble à l'immortalité, préfenteront à jamais aux hommes, avec plus de fuccès que le Portique & le Lycée, les leçons les plus utiles & les plus frappantes, cachées fous l'appas du plaifir & fous l'écorce de la fiction. Rouffeau dit, après Horace:

Liv. 2. Ode
2.

Le Chantre d'Agamemnon
Sut nous tracer, dans fon Livre,
Mieux que Chryfipe & que Zénon,
Le chemin que nous devons fuivre.
Homère adoucit mes mœurs
Par fes riantes images:
Sénèque aigrit mes humeurs
Par fes préceptes fauvages.

Il vaut mieux ne rien dire que de ne dire qu'un mot de tant d'Ecrivains de *la belle Antiquité*, où l'on trouve réunis

> La folide volupté,
> Le vrai, l'honnête & l'utile ;

Ibid.

de Xénophon, qui mérita la triple couronne de Guerrier, de Philofophe & d'Hiftorien ; de Plutarque, le plus intéreffant & le plus utile des Hiftoriens ; de Tite-Live, le plus éloquent & le plus majeftueux ; de Polybe, le plus inftruit & le plus pénétrant ; de Sallufte, le plus rapide ; de Tacite, le plus profond ; de Céfar, qui écrivoit comme il combattoit ; de Pline, ce fçavant & fublime Hiftorien de la Nature ; de Lucien, l'enjoué & ingénieux cenfeur des vices & des ridicules, des Philofophes & des Dieux ; du naïf & inimitable Catulle ; du délicat & tendre Tibulle ; d'Ovide,

> Trop indulgent au feu de fon génie,
> Mais varié, tendre, plein d'harmonie,
> Riche en un mot, s'il étoit moins fécond ;

Rouffeau ;
L. 1, Épît.

de Térence, qui excelle dans l'art de peindre & de faire parler ses personna-des ; de Plaute, qui a le génie de les faire agir ; de Phédre, qui à la faveur du voile transparent de la Fable, fixe l'attention de l'enfance, instruit en riant tous les âges & toutes les conditions.

Quels hommes ! quelle société ! Qui sait en jouir, ne sera pas tenté de leur préférer ni cette foule, ni ces cotteries d'hommes sans principes, sans caractere, sans consistance dans l'ame, sans ressour-ces même dans l'esprit, ou dans qui l'es-prit de parti semble avoir éteint toutes les lumieres, étouffé ou dénaturé tous les sentimens.

Pour ceux d'entre nous que l'ignorance des langues étrangeres priveroit de ce commerce délicieux, & qui ne vou-droient pas s'en rapporter à la fidélité ou à la sagacité des interprètes, ils ont, sans sortir de chez eux, un nombre suffi-sant d'illustres Ecrivains dans tous les genres,

genres, qui se sont formés sur les plus
célèbres des Anciens, & ont mérité de
servir eux-mêmes de modèles à tous les
âges & à toutes les Nations. Bornons-
nous donc ici à nos compatriotes ; &,
sans remonter au-delà du siècle d'or de
notre Littérature , du siècle de Louis
XIV, qu'on peut, sans présomption,
mettre en parallèle avec les siècles d'A-
lexandre & d'Auguste, que de talens,
que de génies sublimes ou naïfs, austeres
ou rians, tendres ou hardis, délicats ou
impétueux, s'offrent à nos regards ! Celui qui tient le premier sceptre de la scène,
est ce génie extraordinaire, qui fit quelque chose de plus étonnant peut-être &
de plus difficile que de créer parmi nous
le théâtre. Il le tira du chaos où il étoit
enseveli & de l'indécence qui le défigu-
roit : il osa fronder la maniere de tous
les Auteurs dramatiques de son temps,
entreprit de donner au Public même un
goût nouveau, & porta tout d'un coup

G

à sa perfection un genre de tragique inconnu à l'Antiquité, ce genre sublime
dont il est l'inventeur, & qui n'a pas
même besoin de l'illusion du théâtre
pour produire le plus grand effet, pour
ravir l'admiration.

A la faveur du flambeau que Corneille
vient d'allumer, & des modèles que lui
offre la Grèce, Racine s'ouvre une route
nouvelle. S'il n'étonne, s'il ne maîtrise
pas l'esprit comme Corneille, il sçait
toujours intéresser & échauffer le cœur,
quelquefois le déchirer. Ou bannissons
l'amour de la scène, ou allons apprendre
de Racine à le peindre des couleurs
dignes de la Tragédie. C'est chez lui,
plus que par-tout ailleurs, qu'il faut
étudier & admirer la perfection & la
magie du langage des Dieux. Il ne dis-
pute pas au grand Corneille le trône qui
lui est si légitimement dû ; mais il vient,
invité par l'acclamation publique,
s'asseoir à côté de lui. L'un paroît tenir

plus de Sophocle; l'autre reſſemble davantage à Euripide: tous deux ſouve-
rains de la ſcène françoiſe, balanceront
à jamais les ſuffrages, & feront les délices de nos derniers neveux.

Notre ſiècle a produit deux Rivaux
dignes d'eux, qui ont parcouru cette
périlleuſe carrière au milieu des pleurs
& des frémiſſemens de la France aſſem-
blée & des Nations étrangeres. La poſtérité marquera leur rang. Le premier,
plus auſtere, plus ſombre & plus hardi,
génie vraiment tragique, né pour retra-
cer les horreurs d'Atrée & de Thyeſte:
le ſecond, plus varié, plus touchant,
plus correct & plus harmonieux, Poëte
& Philoſophe, que n'eſt-il pas? Jamais
homme n'étala tant de talens divers,
n'ambitionna de réunir tant de titres à
l'immortalité: mais n'eût-il que fait
parler la tendreſſe & les alarmes de
Mérope, il étoit encore immortel.

Plus étonnant que ces grands Maîtres,

puifque jufqu'ici il eft inimitable, Molière règne feul fur la fcène comique ; & même les partifans éclairés de l'Antiquité, n'ont à lui oppofer que Ménandre, dont il ne refte que le nom ~~Ménandre~~. Quoi qu'en dife Boileau, trop févère ici, *Molière a remporté le prix de fon art*, ou le prix n'eft pas encore donné. Il eut au plus haut degré le plus rare des talens : il fit rire toute la France pendant fa vie, & la corrigea, en riant, des ridicules de fon fiècle. Il amufe & inftruit à préfent tous les Peuples, où les beaux Arts ont pénétré. Que pourroit-on lui reprocher, s'il eût été moins ami & moins dépendant du Peuple, & que la liberté de fon pinceau n'alarmât jamais la timide pudeur ?

Non moins enjoué, ni moins unique en fon genre, la Fontaine n'a pu éviter cet écueil : mais qu'il eft enchanteur, lorfqu'il fait venir toute la Nature fur la fcène, qu'il fait à nos yeux vivre, agir

Voy. l'Art Poét. ch. 3.

& parler les animaux, les plantes, les
êtres les plus infensibles ! La fagesse, qui
emprunte l'organe des Philofophes de
cette efpece, fe dépouille de ce qu'ailleurs elle femble avoir de pédantefque
& de rebutant : elle fe met à la portée
de tous les efprits & de tous les âges.
L'efprit le plus groffier la conçoit fans
étude : le plus fublime l'admire. L'enfance s'inftruit en riant ; la vieilleffe fe
déride en s'inftruifant. Mais qui a donc
pu lui apprendre fi parfaitement le langage, les mœurs, jufqu'aux nuances les
plus fines du caractère de tous ces êtres,
qui, pour des yeux vulgaires, n'en ont
point ? Cependant (ne craignons pas de
le dire, la gloire d'un fi grand homme
ne peut fouffrir de ce généreux aveu)
lui-même il s'accufa de s'être effayé dans
trop de genres, d'avoir été *papillon du
Parnaffe, volage en vers comme en amours.*
Sans doute fes ouvrages feroient plus
achevés :

Difcours à
Madame de
la Sabliere.

G iij

> Il eût été plus haut au Temple de mémoire,
> Si dans un genre seul il eût usé ses jours.

Mais par-tout vous le reconnoissez à des traits d'une négligence aimable, bien supérieure au brillant de nos beaux esprits & à la froide correction de ces Puristes, pour qui Tacite semble avoir dit : *plutôt sans défauts qu'avec des vertus.* Par-tout vous reconnoissez cette naïveté sublime, ce génie original, qui semble n'avoir reçu de leçons que de la Nature, & qui fera toujours le désespoir de l'art. La Nature & l'Art concoururent à former Boileau ; à lui faire *passer Juvénal & atteindre Horace.* Il connut son talent & sut s'y renfermer : en imitant, en homme de génie, les grands modèles de l'Antiquité, il mérita de devenir lui-même un modèle pour les siècles à venir. Soit qu'il foudroie le mauvais goût, ou qu'il offre un encens légitime à l'Auguste de la France ; soit qu'il dicte les préceptes de son art, qu'il crée un Poëme d'un genre

La Bruyere.

nouveau, qu'il déploie toutes les richeffes de la Poéfie pour un Lutrin ; il eft
toujours judicieux, intéreffant, correct,
élégant, harmonieux, toujours vrai : il
fçait s'élever & s'abaiffer à propos,
prendre tour à tour les tons qui conviennent à fon fujet, *paffer*, comme il
s'exprime, *du grave au doux, du plaifant
au févère ; & fur-tout toujours avec la
rime enchaîner la raifon*. Après avoir feuil-
leté nuit & jour fes écrits, on y revient
fans ceffe avec un plaifir toujours nouveau. Et voilà, ce me femble, le caractère diftinctif & jamais trompeur des
feuls excellens écrits, qui dès leur naif-
fance,

> A grands pas chez la poftérité ,
> Courent marqués au coin de l'immortalité.

Boil. Ep. 10.

Ses vers, qui renferment en peu de
mots un grand fens, un principe lumineux de Littérature ou de Morale, méritent de devenir proverbes & maximes
dans notre langue & dans les langues

étrangeres. Lui refufer non-feulement le fentiment, mais le génie, l'imagination, l'efprit, ne lui accorder que le mérite de copifte & de verfificateur, c'eft prouver qu'on ne l'a pas lu, ou qu'on n'eft pas capable de l'entendre ; c'eft fe montrer digne de préférer le clinquant de Lucain & de Sénèque, la fougue de Juvénal, quelquefois fublime il eft vrai, à l'or de Virgile & de Cicéron, à la fineffe & au goût toujours exquis d'Horace.

Quoique nous n'ayons deffein de parler que de ces Ecrivains du premier ordre, qui font les délices de tous les bons efprits ; nous fommes obligés d'en paffer plufieurs, pour ne pas trop nous étendre. Mais je ne puis taire ce grand Homme, dont la Bruyère a tracé un portrait fi vrai pendant fa vie, qu'il n'y a rien à en retrancher après fa mort, » qu'on admire malgré foi, qui accable » par le grand nombre & par l'éminence

» de ſes talens, Orateur, Hiſtorien,
» Théologien, Philoſophe, d'une rare
» érudition, d'une plus rare éloquence,
» un défenſeur de la Religion, une lu-
» miere de l'Egliſe, parlons d'avance le
» langage de la poſtérité, un Père de
» l'Egliſe ».

Et le rival de *l'Aigle de Meaux*, *le Cygne de Cambrai*, Fénelon, moins profond, moins élevé, moins nerveux, moins rapide, moins admirable; plus doux, plus délicat, plus touchant, plus enchanteur; plus aimable, plus grand. vaincu que Boſſuet vainqueur : ſes mœurs, ſes ſentimens, ſon ame, cette ame ſi belle reſpire toute entière dans ſes ouvrages, dans le Télémaque, ce chef-d'œuvre d'imagination & de goût, de politique & de morale, Roman inimitable, où toutes les beautés de l'Antiquité ſont réunies, où ſont étalées toutes les richeſſes de la langue françoiſe, pour faire aimer la vertu & adorer la Divinité, pour former des Princes parfaits, pour faire le Bonheur de tous les peuples & de tous les siècles.

Et Bourdaloüe, cet Orateur digne d'annoncer les oracles de la Religion au plus grand Roi de la Terre, qui sçut la rendre respectable à l'impie & à l'incrédule, qui porta dans la chaire tout l'art dont elle est susceptible, y jetta une force & une profondeur de raisonnement inconnue avant lui, & qu'on n'a pu atteindre depuis lui. Il osa censurer avec toute la liberté de son ministère, sans satyre & sans personnalité : il eut le talent de louer sans bassesse & sans adulation. La mort & le temps n'ont fait qu'ajouter un nouvel éclat à son nom & à ses ouvrages immortels. Eminent dans tous les genres qu'il a embrassés, il sera regardé à jamais comme le Docteur de la Religion, le maître de la Morale, le modèle des Panégyristes & des Saints & des Héros.

Il est suivi d'un Orateur qui n'est ni son imitateur ni son égal, mais qui par les charmes du style, par la délicatesse des pensées, le coloris de l'imagination, la chaleur du sentiment, ne s'assure guere moins de suffrages que l'élévation de l'esprit & la supériorité de raisonnement n'en avoient gagné à celui qui passe, à juste titre, pour le créateur de l'éloquence de la Chaire.

Le génie dans ce beau siécle s'étend à tout. Le Théophraste de la France a effacé celui de la Grèce. On peut lui appliquer ce qu'il dit lui-même de Bossuet & de Bourdaloue. *Il a eu le destin des grands modéles : il a fait de mauvais copistes & de mauvais censeurs : il a eu même d'ingénieux imitateurs ; il n'a point de rival.*

La Bruyere, ch. 15. de la Chaire.

Je ne parle que de ses successeurs. Son illustre Précurseur n'a pas besoin de mes éloges. Avec la précision de Perse, sans en avoir l'obscurité, *les Réflexions Morales* enferment moins de mots que de

fens. Ce petit Livre d'or, dans la balance
du Dieu du goût, pefe plus que tous les
in-folio. Le premier Peintre du cœur, par
la fagacité, la délicateffe & la profon-
fondeur, pourquoi la Rochefoucault
n'a-t-il fait que la fatyre de l'homme ?
Un fi beau génie étoit digne de croire à
la vertu, & de crayonner ce petit nombre d'ames fublimes, affranchies par la
Nature & par la Religion des foibleffes
vulgaires qu'il a vues par-tout.

Il n'eft pas jufqu'à l'image de la con-
verfation, jufqu'à des lettres écrites fans
art & fans deffein, qui n'aient mérité de
paffer à la poftérité. Sévigné, dont l'efprit & le cœur font également étonnans,
également inépuifables, fait parler continuellement la tendreffe maternelle, fans
nous laffer, fans prefque fe répéter. Les
fujets les plus arides s'embelliffent fous
fa plume ; les plus petites chofes s'an-
nobliffent, les plus grandes s'abaiffent,
fans effort à la familiarité du ftyle épifto-

laire, pour en recevoir des graces qu'elles ne fembloient pas comporter. Prefque toujours l'organe de la raifon & du goût, que n'a-t-elle pu fe préferver de l'efprit de parti ? Et comment l'admiratrice éclairée de Corneille n'a-t-elle pas fenti tout le mérite de l'Auteur d'Athalie ?

Finiffons par cet Homme illuftre, dont le fiècle de Louis XIV & le nôtre s'honorent à la fois. Il a excellé prefque également dans tous les genres qu'il a traités, fi l'on excepte l'Art dramatique. Regardé, à jufte titre, comme le Prince de notre Poéfie lyrique , il efface Malherbe , il balance Horace , il atteint Pindare. David eft prefque auffi grand , auffi divin dans les Odes de Rouffeau que dans fa langue originale. Quelle verve , quel feu , quelle force , quelle fublimité , quelle richeffe & quelle harmonie ! Créateur de la cantate & de l'allégorie, il les a portées tout d'un coup à leur perfection : il a défefpéré tous ceux qui auroient ofé marcher dans cette carrière. Ses épigrammes, pleines de fel attique, fes épîtres, où brille un difcernement exquis, réuniffent l'agrément de la poéfie & l'aifance de la profe. *La mefure*, pour enfermer tout ce qu'il veut dire, ne paroît jamais *ni trop longue ni trop petite*, & *la rime* d'elle-même *vient fe placer au bout du vers*. Comment la France a-t-elle pu fe priver d'un de fes plus grands ornemens ? & s'il eft vrai qu'un fel trop âcre, un goût de terroir étranger fe fait fentir dans quelques-uns des derniers ouvrages de cet illuftre infortuné, c'eft à elle-même qu'elle doit l'imputer.

Mettons enfin des bornes à une lifte que chacun peut remplir à fon gré. Quelles délices dans une fociété compofée des hommes les plus aimables & les plus fpirituels, raffemblés de tous les pays & de tous les fiècles, que vous pouvez aborder, quitter, retrouver à

toute heure toujours les mêmes, toujours difposés à fe prêter à tous vos defirs, à répondre à toutes vos demandes,
à faire évanouir les ténèbres dont nous
fommes tous enveloppés ; fans avoir
jamais à craindre ni importunités, ni
dégoûts, ni retards, ni reproches, ni
caprices. Ce n'eft que la partie la plus
noble d'eux-mêmes qui leur furvit : ce
qu'ils avoient d'imparfait & de terreftre
s'eft éclipfé dans les ombres du tombeau.
L'étincelle de la Divinité brille pure, &
dégagée des vapeurs qui l'offufquoient.

O vous qui avez goûté les charmes
de la fociété de ces illuftres Morts, je
n'ai pas befoin de vous inviter à puifer
dans cette fource de voluptés qui vous
eft toujours ouverte : les jours ne fuffifent pas pour joüir de leur divin entre-
tien : les nuits coulent trop rapidement.
Et vous qui n'avez pas encore appris à
les connoître, ofez fufpendre pour quelques momens le cours de vos fatiguans

& tumultueux plaisirs. Venez essayer
d'un genre nouveau de voluptés, qui
n'usent point le corps, qui ne souillent
point l'ame, dont l'usage n'amène jamais
ni la satiété ni le repentir.

Parmi une foule d'avantages qui distinguent les plaisirs de l'esprit, remar-
quons d'après Cicéron celui - ci; c'est
qu'ils conviennent à tous les âges, à tous
les temps, à tous les lieux. Ce grand
Homme a rassemblé en peu de mots tout
ce qu'on peut dire à la louange des Lettres. Eh ! qui pouvoit les mieux louer
que celui qui les a le mieux connues,
& qui leur a fait le plus d'honneur? » Les
» Lettres nourrissent la jeunesse, réjouis-
» sent la vieillesse, font un ornement
» dans la prospérité, un asyle & une
» consolation dans l'adversité : elles
» amusent chez soi, n'incommodent
» nulle part: avec nous elles veillent,
» elles voyagent, elles habitent la cam-
» pagne ». Concluons avec l'Orateur
Romain :

Romain : » Quand les Lettres & les
» Sciences ne procureroient pas une
» foule d'avantages & à la République
» & aux particuliers ; il est vrai néan-
» moins qu'elles auroient toujours un
» grand prix, par cela seul qu'elles nous
» offrent les délassemens & les plaisirs
» les plus doux & les plus honnêtes ».
Diversifiées à l'infini, il y en a de propres
pour les différens caractères d'esprit. Il
n'en est point qui n'ait de puissans attraits
pour ceux qui s'y livrent. On goûte des
délices à dévorer la sécheresse des langues, à arracher les épines de l'Algèbre,
à s'enfoncer dans les abymes du calcul.
L'exemple d'Archimède & de mille
autres prouve l'ascendant que prennent
sur nous les connoissances les plus ab-
straites, qui recèlent dans leur profondeur des douceurs secrettes pour leurs
favoris, tandis qu'aux yeux du vulgaire
elles ne présentent que la surface la
plus hérissée & l'aspect le plus rebutant.

H

Qui ne sçait combien a de charmes la
culture des beaux Arts, qui font la fleur
des connoiffances humaines ? Celles qui
nous dévoilent les beautés & les fecrets
de la Nature, quoique moins riantes &
moins acceffibles, ne font pas moins at-
tachantes. La Nature nous offre à chaque
pas le fpectacle le plus curieux, fi nous
avons des yeux pour le contempler.
L'ame s'éleve & s'aggrandit, quand elle
confidère la magnificence, l'immenfité,
la régularité des corps lumineux que le
Créateur de l'Univers a fufpendus fur
nos têtes. Les plus petits objets, femés
par la même main fur la terre, excitent
l'admiration à mefure qu'on eft inftruit.
L'ame eft à elle-même le fpectacle le plus
intéreffant, & le plus capable d'épuifer
toutes fes recherches. La connoiffance
même du corps eft un abyme de merveilles. Cette variété & cette multitude
prodigieufe d'os, de fibres, de nerfs, de
mufcles, de vifcères, de liqueurs, dont

on ne sçauroit rien retrancher, comme
on n'y peut rien ajouter, qui tous ont
leur usage, leur tissure, leur proportion,
leur arrangement propre, leur corres-
pondance mutuelle : (Je ne suis pas sur-
pris qu'un Anatomiste, livré à l'enthousiasme de son art, ait trouvé dans un
seul os une preuve victorieuse de l'existence de Dieu.) cette action & cette
réaction continuelles, cette circulation
des liqueurs dans une infinité de canaux
répandus par tout le corps, ce mouvement perpétuel si composé & si rapide,
& cependant si facile & si uniforme, que
nous ne le sentons point, qu'il s'est
écoulé tant de siècles sans qu'il ait été
même soupçonné : tout ce que nous
voyons dans le corps est admirable ; ce
que nous ne pouvons y voir, ce qui
échappe à l'œil le plus perçant, aidé de
l'instrument le plus parfait, est encore
plus admirable. Les principes secrets,
les esprits vitaux qui animent toute la

H ij

machine , qui tendent ou relâchent tous
les reſſorts , & ſe portent à notre inſu
& ſans ſe tromper jamais , dans chaque
partie : les principes de fécondité &
d'immortalité, par leſquels le corps croît,
ſe conſerve , ſe reſſuſcite en quelque
ſorte , ſe perpétue & ſe multiplie à l'infini : tout , oui tout décèle l'art , mais
l'art de la Nature, un Ouvrier divin.

Que dirons-nous donc de l'union de
l'ame & du corps, de cette parfaite &
conſtante harmonie entre deux êtres ſi
différens, entre les volontés de l'une &
les mouvemens de l'autre, entre les chan-
gemens que ſubit celui-ci & les altéra-
tions qu'éprouve celle-là ? Et cette
Science curieuſe , la baſe de tant de
ſciences précieuſes & des arts les plus
utiles , qui par la décompoſition des
parties de tous les corps, ne ſe propoſe
rien moins que d'en mettre à nud ſous nos
yeux la ſtructure intime & les élémens
primitifs avec leurs propriétés & leurs

analogies, qui entreprend d'arracher, s'il étoit poffible, à la Nature fon fecret, de recompofer les mêmes corps, & d'en produire de nouveaux, dont la Nature n'avoit pas fourni le modèle.... Arrêtons-nous, pour ne pas nous perdre dans un immenfe océan. Toutes les connoiffances en un mot, quand on fçait les circonf-crire dans les limites où eft refferrée l'in-telligence & le travail d'un être foible & mortel, toutes fourniffent à la fois une occupation intéreffante & un agréable délaffement. Nous avons fans doute dans notre fiècle, plus que jamais, tous les fecours & tous les encouragemens pour les cultiver.

Mais le luxe, la molleffe, la volupté, le goût de la frivolité & la foif des ri-cheffes énervent & abâtardiffent la plu-part des efprits, les rendent incapables de ce travail & de cette application fui-vie, à laquelle le fuccès & l'agrément font attachés. Une fotte préfomption,

H iij

qui femble devenir épidémique pour notre jeuneffe, lui perfuade qu'elle n'en a pas befoin, que le talent, que l'efprit tient lieu de tout. A peine a-t-elle fe- coué la pouffiere de l'école, qu'elle ofe produire au grand jour les fruits pré- coces d'études faites à la hâte, débuter dans la plus redoutable carrière, à la fuite de Sophocle, de Térence & de leurs rivaux, avant de s'être remplie de ces Ouvrages originaux, fur lefquels fe font formés tous nos grands Ecrivains, avant d'avoir étudié à fond l'art, la nature & l'homme, & fans faire ré- flexion

Art. Poétiq. *ch. 3.*

Qu'un Poëme excellent, où tout marche & fe fuit . . . . . .

Jamais d'un Ecolier ne fut l'apprentiffage.

La fuperficie de la Littérature, fi je puis ainfi m'exprimer, eft plus étendue & plus brillante que jamais. Mais n'allons pas la fonder trop curieufement, nous rencontrerions bientôt le tuf. L'amour de l'argent a tout infecté dans la Littérature, comme dans tous les états de la société. La multitude de ceux qui s'adonnent aux Lettres, à la honte de notre siècle & des Lettres, a fait de cet art sublime un métier mercénaire. Ils ne rougissent pas de *trafiquer du discours*, de vendre leurs satyres & leurs éloges ; satyres méprisables, dont les traits retombent tous sur ceux qui les lancent ; éloges imposteurs qui ne peuvent que déshonorer le Panégyriste & le Héros.

Art. Poétiq. ch. 4.

Eh ! que peut-on attendre de noble, de grand, de libre de ce vil tas d'Ecrivains, toujours courbés vers la terre,

Dégoûtés de gloire & d'argent affamés ?   *Ibid.*

Mais les Lettres se vengent de l'avilissement où on veut les faire descendre, en les forçant de servir d'instrument à la plus *basse* des passions. Jamais leurs trésors ne furent ouverts à ces ames vénales. Qu'elles supputent le produit sordide

H iv

de leurs plumes : voilà l'objet qu'elles
ont en vue dans la culture des Lettres,
& tout le fruit qu'elles en recueilleront.
La gloire, l'immortalité, les plus pures
& les plus exquifes voluptés; tel eft le
partage de ceux qui aiment les Lettres
pour elles-mêmes, & qui les honorent
par leurs fentimens, encore plus que
par leurs écrits

Les Sages du Paganifme qui laiffoient
au Peuple les plaifirs & la félicité que
leur offroit après la mort une Religion
qu'ils refpeÉtoient en public, & dont ils
rioient entr'eux, ne connoiffoient &
n'ambitionnoient d'autre béatitude que
la culture des Lettres & des Sciences, la
vue claire & la contemplation non in-
terrompue de la vérité. C'étoit, dit
Cicéron, leur bien fuprême après cette
vie. C'étoit encore pendant la vie leur
reffource contre tous les maux. Au pouvoir de l'ennemi, dans les chaînes d'un
tyran, en exil, par-tout ils fe confoloient

avec les Lettres & la Philosophie. Les
voluptés, cachées dans le sein des Sciences, leur paroissoient d'un si grand prix,
que rien ne les rebutoit pour se les assu-
rer, & si j'ose ainsi m'exprimer, pour
en faire la conquête. Dans cet espoir,
ils entreprenoient hardiment des courses
immenses & périlleuses. Les voyages des
Pythagores & des Platons sont fameux.
A de telles autorités, à des exemples si
frappans je ne dois rien ajouter. Ceux
que la Nature a doués du goût des Arts,
& que le caprice de la fortune n'a pas
distraits de cette vocation sublime, ont
senti vivement ce que je ne pourrois
exprimer que foiblement. Les autres ne
m'entendroient pas.

Si le travail de la composition a ses
jours de dégoût & d'aridité, il a ses
heures de volupté & de fécondité. Il
est différens degrés sur le Parnasse : il est
aussi différens genres de sensations délicieuses, que les Muses réservent à leurs

favoris. C'étoit aux Auteurs de Cinna, d'Athalie & de Mérope à nous apprendre ce qui se passoit dans leurs ames, lorsque dans l'ivresse d'un enthousiasme divin ils enfantoient leurs chef-d'œuvres.

Il n'est point de mère tendre & ambitieuse, à qui la naissance d'un fils appellé à de hautes destinées doive inspirer une joie plus vive, une fierté si légitime. Et cet enfant, qui n'est d'abord qu'un être ébauché, pour ainsi dire, à combien de maux, de besoins humilians, de dangers sans cesse renaissans n'est-il pas en proie ? les chagrins, les soucis, les alarmes maternelles renouvellent en quelque sorte la cruelle crise de l'enfantement. Et trop souvent, si l'on eût sçu tirer son horoscope, au moment même de sa naissance, on eût voulu le voir replongé dans le néant d'où il sortoit. Telle n'est point la nature, ni le sort des productions du génie ami des hommes & de la vertu : dès l'instant de leur naissance elles ont atteint la perfection. Dès-lors marquées du sceau de l'immortalité, elles font les délices de tous les esprits dont le suffrage peut flatter, & garantir celui de la postérité. Elles sont le désespoir de la médiocrité & de l'envie. On l'a dit, c'est Minerve sortie toute armée du cerveau de Jupiter. Il est agréable sans doute, il est flatteur d'être montré partout comme le père d'un pareil ouvrage, de jouir de la reconnoissance & des applaudissemens de son siècle, d'entendre déja ceux de *l'équitable avenir*.

Horace.

Boileau.

Croyons du moins ces illustres Ecrivains, quand ils nous vantent les avantages & les douceurs de leur état. Heureux, dit l'un d'eux, que la France se glorifie encore de posséder ;

Heureux qui jusqu'au temps du terme de sa
   course,
Des beaux Arts amoureux peut cultiver leurs
   fruits !
Il brave l'injustice, il calme ses ennuis,
Il pardonne aux humains, il rit de leur délire,
Et de sa main mourante il touche encore sa lyre,

M. de Volt.

Tel est l'effet des Lettres ; quand elles ne sont point corrompues par les esprits qui les cultivent. Tel est l'effet de la saine Philosophie, dont le nom est si décrié, depuis qu'une foule d'imposteurs ose en prendre le masque, & réussit à tromper tous ceux qui n'ont jamais vu de Philosophes. La Bruyere les connoissoit, lui qui a tracé le caractère distinctif de la véritable Philosophie, & si bien décrit ses avantages. » Loin de s'effrayer » ou de rougir du nom de Philosophe, » il n'y a personne au monde qui ne dût » avoir une forte teinture de Philoso- » phie. (On ne peut plus entendre que » celle qui est dépendante de la Religion » Chrétienne.) Elle convient à tout le » monde. La pratique en est utile à tous » les âges, à tous les sexes & à toutes » les conditions : elle nous console du » Bonheur d'autrui, des indignes préfé- » rences, du déclin de nos forces ou de » notre beauté : elle nous arme contre

Ch. 11. de l'Homme.

» la pauvreté, la vieilleſſe, la maladie
» & la mort, contre les ſots & les mau-
» vais railleurs : elle nous fait vivre ſans
» une femme, ou nous fait ſupporter
» celle avec qui nous vivons.»

Il n'eſt point de vuide que ne rem-
pliſſent la Philoſophie embellie par les
Lettres, les Lettres fortifiées par la
Philoſophie ; point de perte qu'elles ne
réparent, point de chagrin qu'elles n'a-
douciſſent. L'ennui, ce poiſon mortel
des conditions les plus enviées, contre
lequel ni l'opulence ni la grandeur ne
fourniſſent aucun antidote, elles ne le
chaſſent point de notre ame, elles font
plus, elles lui en ferment toutes les en-
trées. Elles ſont le délaſſement le plus gra-
cieux d'une vie fort occupée, une occupation intéreſſante & néceſſaire pour celle
qui laiſſe beaucoup de loiſir. » L'un des
» plus grands beſoins de l'homme, remar-
» que un Ecrivain moderne, eſt celui d'a-
» voir l'eſprit occupé. L'ennui, qui ſuit

L'Abbé du
Bos. Réflex.
ſur la Poéſie
& la Peint.
tom. 1.

» bientôt l'inaction de l'ame, est un mal
» si douloureux pour l'homme, qu'il en-
» treprend souvent les travaux les plus
» pénibles, afin de s'épargner la peine
» d'en être tourmenté. Il est facile de
» concevoir comment les travaux du
» corps, même ceux qui semblent de-
» mander le moins d'application, ne
» laissent pas d'occuper l'ame. Hors de
» ces occasions, elle ne sçauroit être
» occupée qu'en deux manières : ou
» l'ame se livre aux impressions que les
» objets extérieurs font sur elle, & c'est
» ce qu'on appelle sentiment ; ou elle
» s'entretient elle-même par des spécu-
» lations sur des matières, soit utiles,
» soit curieuses, & c'est ce qu'on appelle
» réfléchir ou méditer.

Lettres sur
l'ame par un
Physicien de
Nuremberg.
Variétés lit.
tom. 3.

» Lorsque l'homme, dit un Philosophe
» Allemand, paroît n'avoir qu'à jouir
» d'un heureux loisir, un nouveau be-
» soin le tourmente, celui d'avoir un
» sentiment vif de sa propre existence.

» Nous ne sommes présens à nous-
» mêmes que par des sentimens immé-
» diats ou par des idées : il faut qu'elles
» nous intéressent pour nous rendre
» heureux. Et malheureusement les sen-
» sations qui nous ont le plus intéressés,
» s'affoiblissent par leur continuité. Nous
» sommes donc forcés, pour être heu-
» reux, ou de changer continuellement
» d'objets, ou d'outrer les sensations du
» même genre ».

On sent que le premier parti est impraticable, & que le second nous seroit
bientôt funeste.

Ecoutons encore un moment notre
Auteur. » Ce besoin d'un sentiment vif
» de l'existence est balancé dans l'hom-
» me par une autre disposition qui lui
» est commune avec tous les êtres sen-
» sibles, la paresse ou l'amour du repos.
» Cette force d'inertie est le plus grand
» principe d'activité parmi les hommes.
» Le repos en perspective qui faisoit cou-

» rir Pyrrhus, fatigue encore tout am=
» bitieux qui veut s'élever, tout avare
» qui amasse au - delà de ses besoins ».

Qui ne reconnoît à ces traits là perpétuelle & malheureuse mobilité du
cœur humain, le rêve des passions, cette
espérance fallacieuse, comme s'exprime Bossuet, *qui nous mène de travaux
en travaux, d'illusions en illusions, & nous
rend le jouet des autres*, & encore plus
de nous-mêmes ? Le besoin d'un sentiment vif, le besoin d'un doux repos,
l'un & l'autre également pressans, également attachés au fond de notre être,
comment les satisfaire, comment les
concilier, sinon par une vie tranquille
sans être oisive, occupée sans être fatiguante ou tumultueuse ; une vie dont un
travail assorti à notre goût & à nos forces
fasse comme le fond ?

M. de Volt.　　　　Un travail nécessaire,
Ce partage de l'homme & son consolateur,
En chassant l'indigence, amène le Bonheur.

Ceux

Ceux qui s'y livrent avec choix & avec modération jouiffent dans leurs momens de relâche de plaifirs fimples & innocens, qui ne fçauroient effleurer les ames engourdies par l'inaction ou épuifées par la volupté.

La culture des Lettres & des Arts, nous l'avons dit, eft tout à la fois une occupation & un doux repos, qui variant fans ceffe, n'ennuyent jamais. Et fi les plaifirs de l'efprit pouvoient ne pas fuffire ou ne trouvoient point place, les plaifirs de l'ame y fuppléeroient abondamment, & ne laifferoient, ce femble, rien à defirer.

SECTION VI.

Comment contribuent au BONHEUR les plaisirs de l'ame. 1º. Ceux qui naissent de la vertu & de la bienfaisance : 2º. les plaisirs de l'amitié.

Nous n'affoiblirons pas ce que nous avons dit des plaisirs de l'esprit, parce que nous n'avons rien exagéré. Mais il est vrai qu'autant que les plaisirs de l'esprit l'emportent sur ceux des sens, autant ils le cedent aux plaisirs de l'ame. C'est par l'ame que l'homme est tout ce qu'il est, digne d'amour & d'estime, grand, heureux, méprisable au contraire, odieux, infortuné. Otez-lui les voluptés des sens, sans doute vous lui ôtez une foule d'agrémens : mais comptez aussi, si vous le pouvez, de combien d'écueils vous affranchissez tout d'un coup son innocence, son intégrité, sa

pudeur. Sevrez-le des plaisirs des Lettres
& de l'étude ; vous le privez, j'en conviens, & du délassement le plus doux,
& de l'occupation la plus délicieuse ;
d'un antidote souverain contre les dégoûts, les ennuis, les dangers semés
sans nombre sur le chemin de la vie.
Mais s'il ne les connoît pas ces plaisirs,
il ne les desire donc pas : par conséquent cette privation ne le rend pas
malheureux. Et qui sait l'usage qu'il auroit fait de ces connoissances & de ces
talens, qui trop souvent ont enivré
& égaré ceux qui les possédoient, qui
quelquefois même ont contribué à per-
vertir & à infecter la société, qui ont
préparé un poison funeste & comme
inévitable pour la postérité la plus re-
culée?

Les plaisirs des sens, les plaisirs des
passions s'émoussent par l'habitude, fa-
tiguent par leur continuité, épuisent par
leur vivacité. Ils n'ont que la durée d'un

inftant, & traînent fouvent après eux la douleur, la honte & le remords, qui n'expirent qu'avec la vie. Les plaifirs de l'efprit ne peuvent être goûtés que d'un petit nombre d'hommes : ce n'eft donc point là le chemin du Bonheur que la Nature nous a tracé. Pris immodérément ils ruinent la fanté, & ne peuvent cependant être continués fans elle.

Il n'en eft pas ainfi des plaifirs de l'ame, de ces plaifirs dont la fource eft dans la bienfaifance, dans l'amitié, dans la vertu. De cette fource inaltérable, il ne peut couler fur la terre que des biens & des joies pures. Jamais ces vrais plaifirs ne laffent, ne raffafient, n'énervent & ne corrompent : ils ont toujours le charme de la nouveauté; plus on les goûte, plus on veut les goûter. Ils ne peuvent être négligés que par ceux à qui ils font inconnus, par ces ames de boue, condamnées à ramper triftement parmi un tas de mortels frivoles & infenfés, cor-

rompus & corrupteurs. Ils font indé-
pendans de la vigueur du corps, de la
fagacité de l'efprit, des faveurs & des
caprices de la fortune. Ils élevent l'ame,
ils la fortifient, ils en rempliffent toute
la capacité. Jamais de retours fâcheux à
effuyer : perfonne ne s'eft encore repenti
de les avoir goûtés. Jamais d'indifcrétion
à redouter : la modeftie feule eft inté-
reffée à les couvrir de fon voile. Et
s'ils femblent peut-être plus vifs & plus
purs, lorfqu'ils demeurent concentrés
dans le cœur qui les goûte, dans le fein
de l'amitîé qui les partage ; le grand jour
y ajoute l'éclat de la gloire & le concert
enchanteur de l'acclamation publique.
Dépofés dans le fond de la confcience,
un fentiment délicieux les reproduit &
les perpétue jufqu'au dernier foupir.
Chaque jour les ames vertueufes & bien-
faifantes font à portée de les renouveller,
puifqu'une ame vertueufe & bienfaifante
peut tous les jours fuivre le penchant

divin qui la presse, & que ni l'importance du service, ni l'éclat de l'action
n'est nécessaire ici, ni pour le mérite, ni
pour la volupté qui en est le salaire. Il
n'est aucun jour où un particulier soit
réduit à dire, comme cet Empereur
adoré : *mes amis, j'ai perdu la journée.*

» Il n'est point, dit M. Rousseau, de
» route plus sûre pour aller au Bonheur
» que celle de la vertu. Si on y par-
» vient, il est plus pur, plus solide &
» plus doux par elle : si on le manque,
» elle seule peut en dédommager ». On
peut enchérir sans aller au-delà du vrai.
Ce n'est pas assez de dire qu'il *n'est pas
de route plus sûre pour le Bonheur,* elle
est la seule : toute autre route nous
égare : tous les pas qu'on y fait sont,
pour ainsi dire, autant d'espaces qu'on
met entre soi & le vrai Bonheur. Le
même Ecrivain s'explique ou se réforme
ailleurs. » La félicité est la fortune du
» Sage, & il n'y en a point sans vertu.

» Les plus vicieux même font forcés de
» rendre hommage à la vertu , en lui
» enviant ce fentiment profond de paix
» & de contentement qu'elle conferve
» dans toutes les fituations poffibles.

» Charme inconcevable de la beauté
» qui ne périt point, s'écrie encore l'il-
» luftre Génevois dans fon ftyle brûlant
» & fublime. Ce ne font point les vi-
» cieux au faîte des honneurs, dans le
» fein des plaifirs, qui font envie ; ce
» font les vertueux infortunés. Et l'on
» fent au fond de fon cœur la félicité
» réelle, que couvroient leurs maux ap-
» parens. Ce fentiment eft commun à
» tous les hommes ; & fouvent même,
» en dépit d'eux, ce divin modèle que
» chacun de nous porte avec lui, nous
» enchante malgré que nous en ayons.
» Si-tôt que la paffion nous permet de
» le voir, nous lui voulons reffembler ;
» & fi le plus méchant des hommes
» pouvoit être un autre que lui-même,

I iv

» il voudroit être un homme de bien ».

La vertu ne dédaigne pas les biens de la fortune, quand d'eux - mêmes ils se préfentent à elle, ou quand elle peut les recueillir fans effort & fans baffeffe ; c'eft même pour elle feule qu'ils font deftinés, puifqu'elle feule fait en faire un ufage légitime & falutaire. Mais comme elle fçait en ufer, elle fçait également s'en paffer : & c'eft alors que vous demandez fi elle eft encore heureufe, & où peut exifter fa récompenfe.

Les quatre Philofophes, par M. Hume.

» Enfans de la Terre, vous répond un
» Philofophe moderne, vous connoiffez
» bien peu le prix de cette immortelle
» beauté. Si vous êtiez touchés de fes
» attraits, vous ne vous informeriez
» point de fa dot. Sachez cependant que
» la Nature a condefcendu à votre foi-
» bleffe. Non, elle n'a point laiffé nue &
» pauvre cette fille fi tendrement ché-
» rie : elle l'a comblée des biens les plus
» précieux. Mais de peur de ne lui atti-

» rer que des amans intéressés, elle
» cache aux yeux du vulgaire les trésors
» dont elle l'a enrichie. Elle ne les fait
» briller qu'aux regards de ceux que son
» amour a déjà captivés. La gloire est le
» partage assuré à la vertu........,
» Enflammé par de si grandes espérances,
» l'homme vertueux voit avec un œil
» de mépris tout ce que la volupté a de
» plus séduisant. Il ne croira jamais avoir
» encensé une vaine idole, en se dé-
» vouant à la vertu ; il sait qu'elle est
» sa propre récompense ».

N'outrons rien. Tenons-nous même en
garde contre l'enthousiasme de la vertu.
N'imaginons pas que la vertu dénuée de
tous les autres biens , en proie à tous les
maux, puisse faire goûter une félicité
complette. Ne disons pas avec les Stoïciens, qu'il n'y a d'autre bien que la
vertu, d'autre mal que le vice, & que
tout le reste est absolument indifférent
pour le Sage ; ni avec Epicure, que le

Sage, dans le Taureau de Phalaris, s'é-
criera que ses tourmens ne sont rien,
que sa situation est délicieuse.

Ne répétons pas même, après l'Orateur romain, que si la justice, la tempérance, le courage, la constance, la
grandeur d'ame, si toutes les vertus se
présentent pour affronter les tourmens,
on ne verra point la félicité, leur inséparable compagne, reculer à la vue des
bourreaux, & s'arrêter seule à la porte
des cachots. La grandeur des images &
la chaleur de l'expression ne nous entraî-
neront point. Mais nous ne craindrons
pas d'être repris d'exagération, en avan-
çant que si la vertu dépouillée de tous
les biens, luttant contre tous les maux,
ne suffit pas pour nous rendre heureux,
elle nous fournit du moins la plus douce
& la plus solide des consolations; que
seule opposée à tout le reste, elle em-
porte & précipite la balance; & que sé-
parés d'elle, tous les biens perdent tout

leur prix, qu'ils ne méritent même plus
le nom de biens.

Je n'en dis pas affez. La plupart de ces
maux prétendus, qui confternent ou font
gémir de pufillanimes & aveugles mortels, tous ces malheurs chimériques, ces
befoins de luxe & de fantaifie, ces douleurs, ces humiliations qui n'ont de réalité que dans l'imagination, fruits d'un
puérile orgueil & d'une éducation effé-
minée, la vertu, le bon efprit, la force
de l'ame les fait évanouir, ou même les
fait concourir à notre Bonheur. Ce qui
feroit le fupplice du Sybarite, fait les délices du Spartiate. Ces caracteres mous
& efféminés, qui ne peuvent s'arrêter
qu'à des images voluptueufes, l'ombre du
danger les fait pâlir, le moindre revers les
abat. Mais une ame forte & magnanime,
s'abreuvant à longs traits dans les fources
de la fageffe, y a puifé des réflexions
mâles, de fublimes & confolantes vérités,
cette prévoyance vraiment philofophi-

que, qui ne va pas réaliſer des maux fan-
taſtiques, ou enfler des atômes, ni faire
ſouffrir d'avance en le rapprochant, ce
qui ſe perdoit dans un lointain preſque
imperceptible ; mais qui, en nous aguer-
riſſant avec tout ce qui eſt l'apanage de
l'humanité, l'épreuve de la vertu, la
matiere de ſes glorieux combats & de
ſes triomphes, nous accoutume à l'en-
viſager ſans émotion, à l'attendre ſans
foibleſſe, à le ſupporter ſans impatience.

Il y a, ſelon Charron, deux grands
remèdes contre tous les maux, *l'accou-*
tumance pour le vulgaire groſſier, & la mé-
ditation ou la prévoyance pour le Sage. On
ſe fait à tout, on ſe conſole de tout. Et
le Sage ne doit-il pas rougir que ſa ſageſſe
ne puiſſe pas ce que l'habitude ſeule & le
temps fait pour tout le monde ? toujours
préparé, toujours armé contre tous les
ennemis qui menacent l'humanité, il eſt
impoſſible de le ſurprendre. Quelque
malheur que vous lui annonciez, il ſe

La Sageſſe, l. 2. c. 7.

l'eſt déja annoncé à lui-même. Homme &
mortel, il s'attend à tout, il a tout prévu.
La douleur, dit Charron, *eſt le plus grand
&, à vrai dire, le ſeul mal, & où il y a
moins de remede.* Il eſſaye cependant d'en
indiquer quelques-uns. *C'eſt,* dit-il d'a-
bord, *une commune néceſſité d'endurer.*
Triſte conſolation. C'eſt pour cela même
que la douleur eſt un mal accablant &
déſeſpérant, puiſqu'elle eſt inévitable.
*Si la douleur eſt longue, elle eſt légere: ſi
elle eſt violente, elle eſt courte.* On a trop
ſouvent répété ce dilemme, qui n'eſt pas
toujours vrai. *C'eſt le corps qui endure, ce
n'eſt pas nous qui ſommes offenſés.* Subtilité
ſophiſtique qui n'a jamais pu adoucir les
maux d'un malheureux. Comme ſi notre
corps étoit un être étranger qui pût nous
être indifférent, comme ſi l'ame elle-
même ne reſſentoit pas la douleur.

Loin d'ici des motifs de conſolation
peu dignes d'un Philoſophe ſi judicieux.
Mais nous avouerons avec lui que la

Ibid. Liv. 3.
c. 22.

douleur nous apprend à nous dégoûter de ce qu'il nous faut laisser un jour, à nous déprendre de la *piperie* de ce monde, service très-important ; que si la douleur est médiocre, la patience coutera peu ; que si elle est grande, la gloire le fera également ; que si elle nous paroît trop dure, nous devons, pour l'ordinaire, l'imputer à notre mollesse & à notre lâcheté ; que s'il y a peu de gens qui la puissent souffrir, il faut que nous soyons de ce peu. Pourquoi des hommes ne pourroient-ils pas ce que d'autres hommes ont pu ? N'accusons pas la Nature de nous avoir faits trop foibles : il n'en est rien. Mais nous sommes devenus trop délicats. Nous avons beau fuir la douleur, elle nous atteindra. Si nous nous rendons lâchement, nous n'en ferons que plus rudement traités, & notre honte sera éternelle. *Non quia difficilia sunt non audemus ; sed quia non audemus, difficilia sunt.* Tant d'exemples d'hommes

comme nous, que dis-je? d'un Peuple
entier, qui fupportoit avec conftance,
avec joie même, de grandes douleurs,
de cruels tourmens, nous apprennent
de quoi la fageffe, de quoi la vertu &
l'héroïfme humain font capables.

Il n'eft qu'un feul malheur dont l'homme vertueux ne puiffe pas, ne doive
pas même fe confoler : ce feroit d'avoir
abandonné la vertu, perdu l'honneur,
facrifié fon devoir à l'intérêt ou à la
volupté. Je me trompe, l'homme vertueux fe répond avec une noble & légitime confiance, que ce malheur affreux
ne fçauroit le regarder. Perfonne fans
doute ne peut dire : ma fortune eft fi bien
cimentée, que quoi qu'il arrive, ni les
coups du fort, ni les efforts de l'envie
ne la renverferont : je mourrai dans la
faveur du Prince, dans l'eftime du Peuple, dans le pofte que j'occupe. Perfonne
ne peut dire même : puifque j'ai eu ce
Bonheur jufqu'ici, je fauverai encore

V. Plutarq.
du vice & de
la vertu, du
contentement
de l'efprit.

demain ma gloire & ma vertu des écueils
de toutes les paſſions. Mais tout homme
d'honneur doit dire, avec une aſſurance
que rien ne peut ébranler : jamais je ne
ſouillerai mon nom par une baſſeſſe ;
jamais je ne commettrai d'injuſtice, je
ne trahirai ni n'abandonnerai mon Prince, ma patrie, mon bienfaiteur, mon
ami. Or cet infaillible témoignage d'une
conſcience irréprochable fait naître &
entretient au fond du cœur une ſérénité
inaltérable, une joie douce, une noble
fierté, dont n'approche point le prétendu
Bonheur de l'opulence, des honneurs &
des voluptés.

Entaſſez, portez à quelle hauteur vous
voudrez ces biens qui vous ſont étrangers : mais vous eſſayerez en vain d'aſ-
ſeoir ſur cette baſe l'édifice de votre
Bonheur & de votre repos ; baſe perfide,
toujours prête à s'écrouler. La ſageſſe
avec laquelle vous en uſez peut ſeule
leur donner quelque ſolidité, ou vous

conſoler

confoler, s'ils vous échappent. C'eft un caractère de modération, d'égalité, de douceur, de générofité, c'eft la vertu, c'eft l'homme qui donne du prix à ces fortes de biens; & ce ne font pas ces biens qui peuvent relever le prix des vertus, ni faire la deftinée de l'homme. En un mot foyez content, dit encore Plutarque, & vous ferez heureux. Mais n'eft-ce pas de vous fur-tout qu'il dépend d'être content?

La vertu eft à l'ame ce que la fanté eft au corps. « Tous ces gens ennuyés, qu'on » amufe avec tant de peine, dit M. » Rouffeau, doivent leur dégoût à leurs » vices, & ne perdent le fentiment du » plaifir qu'avec celui du devoir. Les » foins, les travaux, la retraite devien- » nent des amufemens par l'art de les » diriger : en un mot une ame faine peut » donner du goût à des occupations » communes, comme la fanté du corps » fait trouver bons les alimens les plus » fimples ».

K

On sera bien aise d'entendre quelques momens le plus moral des Philosophes s'exprimer dans l'énergique & naïf langage d'Amyot. Je ne pourrois le traduire en notre langue moderne, sans l'énerver.

Plutarque.
Du vice &
de la vertu.

» Amasse force or, assemble de l'ar-
» gent, édifie de vastes galeries, emplis
» toute une maison d'Esclaves & toute
» une ville de tes detteurs ; si tu n'ap-
» planis les passions de ton ame, si tu
» n'appaises la cupidité insatiable, &
» que tu ne délivres toi-même de toute
» crainte & de toute sollicitude, c'est
» autant comme si tu versois de vin à
» un qui auroit la fièvre, & si tu ap-
» prêtois force viandes & bien à manger
» à qui auroit grand flux de ventre &
» une dyssenterie, telle qu'il ne pour-
» roit rien digérer ni retenir viande
» aucune, & à qui la viande apporte-
» roit corruption encore plus grande.
» Ne vois-tu pas que les malades ont à

» contre-cœur & rejettent les plus déli-
» cates & plus exquises viandes qu'on leur
» pourroit présenter , & qu'on s'efforce
» de leur faire prendre ? Mais quand la
» bonne tempérance du corps leur est
» retournée, les esprits nets, le sang
» doux & la chaleur modérée & fami-
» liere, ils sont bien aises & ont à plaisir
» de manger du pain tout sec avec un
» peu de fourmage ou un peu de cresson.
» La raison apporte une telle disposition
» à l'ame : & seras alors content de la
» fortune, quand tu auras bien appris
» que c'est que la vraie honnêteté, &
» que c'est que la bonté. Tu auras la
» pauvreté en délices & seras véritable-
» ment Roi, n'aimant pas moins la vie
» privée & retirée, loin des charges &
» affaires, que celle de ceux qui ont les
» grandes armées & les grands Etats à
» gouverner. Et quand tu auras profité
» en la Philosophie, tu vivras par-tout
» sans déplaisir & sçauras vivre joyeu-

» fement en tout état : la richeffe te ré-
» jouira, d'autant que tu auras plus de
» moyen de faire plus de bien à plu-
» fieurs ; la pauvreté, d'autant que tu
» auras moins de fouci ; la gloire, d'au-
» tant que tu feras honoré ; la baffe
» condition, d'autant que tu en feras
» moins envié ».

V. Plutarq.
De l'avarice.

Sans la vertu, vainement les richeffes appelleront le Bonheur. La fortune mériteroit fans doute le culte des mortels, fi le Bonheur fe donnoit au poids de l'or : mais le repos & le contentement d'efprit, la modération des defirs, l'égalité, le courage de l'ame, ces fources facrées du Bonheur, s'achetent-elles ? Et à quoi peuvent être bonnes les richeffes ou les dignités, de quoi peuvent-elles nous délivrer, fi elles ne nous délivrent pas même de la paffion de les accumuler ? Confeille-t-on de boire à un malade, quand la boiffon allume de plus en plus la foif qui le brûle ? La foif

de l'or & des honneurs, plus brûlante
encore, le nectar fervi dans la coupe
royale, un nouveau Pactole fortant des
mines du Pérou, ne l'éteindroit point.
Et l'on fçait que de tout temps les
foucis & les alarmes fe plaifent à voler
autour des lambris dorés. Un calme à
l'épreuve de tous les orages regne au
fond de l'ame vertueufe. L'homme vicieux au contraire, à moins que crimi-
nel défefpéré il ne foit parvenu à
étouffer le remords, eft agité, déchiré
nuit & jour, parce qu'on ne fait pas di-
vorce avec le vice comme avec une
femme, dit Plutarque. En vain cherche-
t-il à fe diftraire, *à tromper fon ennui* : en
vain fuiroit-il dans l'autre Hémifphère,
puifqu'il ne peut fe fuir lui-même.
L'ennui

Monte en croupe, galope & navigue avec lui.

En paffant les mers, dit Horace, nous L. 1. Ep. 11e.
changeons de ciel, mais nous ne chan-

K iij

geons pas de cœur. Nous nous donnons bien des mouvemens inutiles : nous courons après le Bonheur sur terre & sur mer. Insensés ! Le Bonheur est ici : il est par-tout où la sagesse & la vertu répriment nos desirs & dirigent nos démarches. Le Bonheur

Boil. Ep. 5*.* Est ici, comme aux lieux où mûrit le coco,
Et se trouve à Paris, de même qu'à Cusco.

Il est au-dedans de nous : il est au fond d'un cœur où résident la paix, le contentement , le témoignage délicieux de la conscience ; parce que l'innocence , la modération, la droiture, la magnanimité, la constance, y tiennent leur empire ; parce qu'il ne sçait ni fléchir sous le vice, ni encenser la fortune, ni ramper aux pieds d'aucune idole ; parce

Sat. 1 qu'il *ne sçait ni tromper, ni feindre, ni mentir.*

Il est vrai que ces hommes rares, exclus pour jamais du temple de la fortune, doivent borner leur ambition à conserver l'héritage, à cultiver le champ de leurs ayeux. Mais s'ils ont trouvé le repos & le contentement du cœur, qu'ont-ils à regretter ? Jaloux du tréfor de l'indépendance & de la liberté, qu'ils ne croiroient point payé par tous ceux du Potofe, ces vrais Philofophes difent avec Boileau :

> Dès-lors à la richeffe il fallut renoncer. *Epit. 5e.*
> Ne pouvant l'acquérir, j'appris à m'en paffer ;
> Et fur-tout redoutant la baffe fervitude,
> La libre vérité fit toute mon étude.

Nos oreilles étourdies du fracas de l'opulence, des éloges éternels des riches & des richeffes, entendront-elles ce langage ? & nos yeux, gâtés par le luxe, pourront-ils, fous les livrées de la modeftie & de la fimplicité, reconnoître ce qu'il y a de plus grand fur la terre, la vertu ? & devinerons-nous que le Bonheur l'accompagne ? Mais quoi ! nous laifferons-nous éblouir par des dehors

qui ne doivent plus tromper que ceux
qui entrent dans le monde ? Levons cette
écorce brillante, pénétrons dans l'intérieur de ces maisons, où la joie & les plaifirs semblent avoir fixé leur féjour; nous
ne trouverons que des defirs inquiétans,
des foucis rongeurs, des repentirs amers,
de cruelles alarmes : nous n'entendrons
que les murmures de l'humeur, les cris
de l'envie, les effroyables accens de
l'implacable vengeance, de l'orgueil en
fureur, de l'ambition jouée, de l'infatiable avarice.

Au fortir de ces Palais enchantés, mais
qui ne font enviés que de ceux qui ne les
connoiffent point, tranfportons - nous
dans l'afyle qu'a choifi l'homme modefte
& vertueux. Là toutes les paffions en
filence, toutes les erreurs qui font fatales au repos & à l'innocence diffipées,
tous les jugemens & tous les goûts, tous
les projets & tous les mouvemens des
hommes pefés dans la balance de la raifon
& de la fageffe, tous les biens eftimés

leur juste valeur ; il jouit délicieufement
de lui-même , de fa fortune , de fes amis.
Il brave du port les tempêtes qui fe
déchaînent fans ceffe fur une mer où les
paffions entraînent prefque tous les hommes ; en même-temps qu'il s'attendrit fur
le fort de fes femblables , jouet infortuné
des vents & des flots , ou plutôt de l'é-
garement de leur cœur & de leur efprit.
Il s'applaudit de fa prudente & inébranlable modération : il en recueille les fruits
dans le fein de la petite fociété qu'il a
trouvée , ou qu'il s'eft faite d'après fes
goûts.

Encore une fois cette conduite, ces
fentimens finguliers l'ont éloigné des
fources vulgaires du Bonheur, des richeffes, des dignités , des voluptés. Mais
de quoi lui ferviroient ces biens fi vantés ? Il eft riche fans richeffes, puifque
content de fa fortune , il a de quoi fatif-
faire à tous les befoins de la Nature. Et
les richeffes inutiles à cet égard, pour

lequel seul cependant on pourroit les desirer, ne sont propres qu'à faire naître & multiplier les besoins du luxe & des passions, qui n'ont pas de limites, & qu'elles-mêmes sont incapables de remplir.

S'il n'a pas de richesses, il n'a pas non plus ce qui les accompagne & les suit, les embarras, les soucis, les dangers, les frayeurs & les remords. Il est grand & honoré sans dignités & sans places. Il est pénible & souvent hasardeux de les remplir; il est difficile de les concilier avec le repos de l'ame & le Bonheur: il lui suffit de les avoir méritées. Il est aussi glorieux pour lui d'entendre tous les jours demander pourquoi on ne l'y a point élevé, qu'il est humiliant pour les autres de lire du moins dans tous les yeux, combien on est étonné de les y voir. Loin des plaisirs bruyans & fastueux, il goûte à longs traits des plaisirs simples, innocens, délicieux.

Voulez-vous être heureux, nous dit Horace? cherchez à acquérir le calme parfait de l'ame, à devenir l'ami de vous-même : voyez par où on y parvient, si c'est par la route battue des honneurs & des richesses, ou par quelque sentier inconnu à la foule. Le sentiment de cet aimable & judicieux Philosophe n'est pas équivoque.

Fontenelle le développe au long. » Le » plus grand secret pour le Bonheur, » c'est d'être bien avec soi. Naturelle- » ment tous les accidens fâcheux qui » nous viennent du dehors, nous rejet- » tent vers nous-mêmes; & il est bon » d'y avoir une retraite agréable. Mais » elle ne peut l'être, si elle n'a pas été » préparée par les mains de la vertu. » Toute l'indulgence de l'amour-propre » n'empêche point qu'on ne se reproche » du moins une partie de ce qu'on a à » se reprocher. Et combien est-on en- » core troublé par le soin humiliant de

Liv. 1, Epit. 18e.

Pensées sur le Bonheur.

» se cacher aux autres, par la crainte
» d'être connu, par le chagrin inévitable
» de l'être ? On se fuit avec raison : il
» n'y a que le vertueux qui puisse se
» voir & se reconnoître....... Il peut
» fort bien arriver que la vertu ne con-
» duise ni à la richesse ni à l'élévation.....
» ni même à la gloire, sa récompense
» naturelle. Peut-être s'en privera-t-elle
» elle-même..... Mais une récompense
» infaillible pour elle, c'est la satifac-
» tion intérieure. Chaque devoir rempli
» en est payé dans le moment. On peut,
» sans orgueil, appeller à soi-même des
» injustices de la fortune : on s'en con-
» sole par le témoignage légitime qu'on
» se rend de ne les avoir pas méritées.
» On trouve dans sa propre raison &
» dans sa droiture un plus grand fond
   de Bonheur, que les autres n'en attendent des caprices du hasard ».

En effet, soyez bien avec vous-même;
nettoyez votre ame, chassez-en tous les

maux imaginaires , banniſſez-en tous les vices qui vous en rendent le ſpectacle humiliant & douloureux ; vous y rentrez toujours avec une ſatisfaction toujours nouvelle. Et rien ne vous empêche de goûter les plaiſirs purs & vertueux, que la main libérale de la Nature a ſemés pour les humains ſur toute la ſurface de la terre. Les plaiſirs champêtres ne tiendront pas le dernier rang.

» Loin du tumulte de la ville, les
» plaiſirs modérés d'une campagne ver-
» tueuſe répareront de temps en temps
» les forces du corps, & redonneront
» une nouvelle vigueur à celles de l'ame.
» Les occupations de la vie ruſtique
» feront pour le Magiſtrat une leçon
» vivante & animée de l'uſage du temps
» & de l'amour du travail. Il ne dédai-
» gnera pas même de s'y abaiſſer ; &
» portant par-tout avec lui le deſir d'être
» utile aux autres, il ne fera pas inſenſible
» au plaiſir de travailler pour un autre

Œuvres de
M. d'Agueſſ.
T. 1. p. 188.
16. mercur.

» fiècle, & de donner un jour de l'om-
» bre à fes neveux : mais fur-tout il
» goûtera, non fans un fecret mouve-
» ment d'envie, la profonde douceur
» de cette vie innocente, où, malgré
» le luxe & la magnificence de notre
» fiècle, fe confervent encore la fruga-
» lité & la modeftie des premiers âges
» du monde.

» Si la loi de fon devoir le force à
» quitter cet heureux féjour, il en rap-
» pellera l'efprit ; & perfectionnant fa
» vertu par fes diftractions même, il
» mêlera heureufement à l'élévation &
» à la dignité du Magiftrat la candeur &
» la fimplicité des anciens Patriarches.
» Ce n'eft point ici une de ces fictions
» ingénieufes, où l'efprit humain fe plaît
» quelquefois à chercher le merveilleux
» plutôt que le vraifemblable. Ainfi ont
» vécu nos peres. Ainfi les anciens Ma-
» giftrats fçavoient ufer de leur temps :
» en étoient-ils moins heureux que nous,

» moins honorés du Public, moins bien
» avec eux-mêmes ? »

Ce que l'immortel d'Aguesseau disoit
pour les Magistrats, peut convenir également à toutes les conditions. Le premier homme, (alors innocent il étoit
destiné par son Auteur à un Bonheur sans
mélange) le Pere du genre humain fut
placé dans une campagne riante & délicieuse. En jouir & la cultiver, ce devoit
être son occupation, la source d'une félicité pure & le préservatif de son innocence. Malgré la triste révolution qui a
changé la face de la terre, qui a laissé
des traces encore plus profondes dans le
corps & dans l'ame des malheureux
humains, nous sentons que nous sommes
faits pour la vie de la campagne, que
rien ne peut étouffer ni remplacer
dans notre cœur la Nature. Nous soupi-
rons après elle du fond de ces cités su-
perbes, où elle est méprisée, méconnue
ou défigurée : nous voulons du moins en

avoir fous les yeux le fimulacre & l'image. Vain fimulacre, image trop infidèle !
ce n'eft pas même dans ces châteaux trop
voifins de la Capitale , d'où l'art & le
luxe ont chaffé l'aimable & naïve Nature , que nous devons chercher les délices qu'elle nous promet. Voulons-nous
nous affranchir des chaînes , du tumulte
& de la frivolité de la ville , échapper
aux fots , aux fâcheux, aux méchans ?
fuyons dans quelque afyle champêtre qui
foit ignoré d'eux, ou dont l'innocence &
la fimplicité les écarteroient bien-tôt, s'ils
venoient à le découvrir. Qu'il eft doux
de jouir de la Nature en des lieux où
*l'art humble & foumis la laiffe encore ré-
gner !* Qu'il eft doux, à l'abri de tout ce
qui peut diftraire , enivrer & féduire,
de jouir de foi - même & d'un petit
nombre d'amis vertueux !

Les plaifirs fimples & tranquilles de la
campagne font infipides, il eft vrai, pour
les cœurs accoutumés à n'être ébranlés
que

Rouffeau ,
liv. 1. Od.

que par les violentes secousses des passions ; pour qui ne connoît que les plaisirs bruyans & rafinés, assaisonnés par la
débauche, ou achetés à grands frais, &
qui eux-mêmes commencent à ne plus
faire que de foibles impressions. Mais
pour ceux qui se tenant dans le chemin
de la Nature, n'ont ni énervé leur ame
ni usé leurs sens, le séjour de la campagne
est une source d'agrémens qui paroissent
toujours nouveaux. La vie la plus conforme à la Nature, la plus amie de l'innocence & de la candeur, la plus utile à
la République, est celle qu'ils préferent
à toute autre.

Mais cette vie est si uniforme, si mono-
tone, & par conséquent si ennuyeuse !
Reproche aussi injuste qu'il est facile à
détruire. C'est véritablement la vie du
grand monde & de la Cour qui doit être
insupportable par son éternelle unifor-
mité. Le cercle des usages, des visites, du
cérémonial, des occupations de la Ville

& de la Cour, celui même des inven-
tions & des plaifirs de l'art eft très-
borné. Le champ de la Nature eft immenfe : rien de plus varié, de plus riche,
de plus changeant même, que les fcènes
qu'elle étale à nos yeux dans les diverfes.
faifons.

Le réveil de la Nature au printemps,
la douce haleine des zéphyrs, l'émail
renaiffant des fleurs , le murmure des
eaux qui viennent de rompre leurs chaînes , les jeux & les amours des habitans
de l'air, de la terre & des ondes, les
phénomènes, les feux, les orages & les
récoltes de l'été, les tréfors & les fêtes
de l'automne, le repos même & la pai-
fible jouiffance de l'hiver, les fites, les
couleurs, les tableaux, les travaux & les
productions de la campagne, qui fans
ceffe fe fuccèdent & fe diverfifient, les
prodiges fans nombre que la Nature préfente à la curiofité & aux recherches de
tous ceux qui ont des yeux pour la con-

templer & la connoître ; les mœurs simples & ingénues de ces hommes précieux
& respectables, qui par leurs sueurs &
leur industrie, fertilisent & embellissent
nos vallons, nos côteaux, nos parcs,
nos jardins : n'est - ce donc pas pour
l'homme, le Sçavant, le Philosophe une
source inépuisable d'occupations, d'a-
musemens, de douces rêveries, d'études
& d'observations piquantes & délicieuses ?

Et c'est dans le loisir de la vie champêtre, loin des orages & de l'enchante-
ment des passions, que l'ame se nourrit,
s'éleve, se fortifie par de solides & sublimes méditations. C'est aussi après la
liberté & les douceurs de la vie champêtre qu'ont toujours soupiré les Sages
des siècles passés & du nôtre. Boileau
dit au nom de tous :

Oui, Lamoignon, je fuis les chagrins de la ville,   *Epit.* 6.
Et contre eux la campagne est mon unique asyle.
. . . . C'est là que mon esprit tranquille

Met à profit les jours que la Parque me file....
Tantôt sur l'herbe assis au pied de ces côteaux,
Où Policrène épand ses libérales eaux,
Lamoignon, nous irons, libres d'inquiétude,
Discourir des vertus dont tu fais ton étude,
Chercher quels sont les biens véritables ou faux :
Si l'honnête homme en soi doit souffrir des
      défauts:
Quel chemin le plus droit à la gloire nous guide,
Ou la vaste Science, ou la vertu solide......
O fortuné séjour ! ô champs aimés des Cieux !
Que pour jamais foulant vos prés délicieux,
Ne puis-je ici fixer ma course vagabonde,
Et connu de vous seuls, oublier tout le monde !

Plaisirs innocens, plaisirs purs sans
doute & bien dignes d'être enviés! Mais
rien n'est comparable à la satisfaction
secrette dont la vertu même est la source
inépuisable dans tous les lieux comme
dans tous les temps ; au témoignage
qu'elle seule peut se rendre de ne s'être
pas détournée un instant du sentier
étroit du devoir, de ne s'être jamais
laissé corrompre, énerver, intimider,

de n'avoir fait uſage de la fortune que pour le ſoulagement du malheureux, du pouvoir qu'en faveur de l'innocent, des lumieres que pour éclairer les Princes & les Peuples ſur leurs véritables intérêts, pour venger les mœurs & la Religion. Rien n'eſt au-deſſus de l'avantage ineſti-mable de marcher par-tout tête le-vée, ſans avoir jamais à rougir, ſans entendre autour de ſoi que les accens de l'eſtime, du reſpect & de la recon-noiſſance de ſes ſemblables.

Car la vraie vertu ne peut être ren-fermée en elle-même. Une douce & in-vincible pente la porte à ſe communi-quer & à communiquer tout ce qu'elle a, pour la conſolation & le Bonheur des humains. C'eſt dans ces ſecours, dans ces ſervices conformes à ſon état, & qui ſouvent paroiſſent ſupérieurs à ſes forces, que la vertu trouve les plaiſirs les plus exquis.

Un cœur qui ne ſent que ſes propres

Plaiſirs de la bienfaiſance.

maux, qui n'eſt pas ému par les cris & les larmes, qui n'eſt pas déchiré par le ſpectacle de la déſolation d'une famille infortunée, pour tout dire en un mot, un cœur de bronze; non, on a beau vanter ſa vertu & ſon intégrité, il n'en a que le maſque : c'eſt un homme dénaturé : ce n'eſt pas un homme, c'eſt un monſtre. La premiere vertu, & le germe précieux de toutes les vertus ſociales, c'eſt l'humanité. Non, il n'aime que lui ; mais auſſi il s'aime ſans avoir de rival, & il eſt privé à jamais du plaiſir le plus touchant, celui qui naît de la compaſſion & de la bienfaiſance.

Ce n'eſt que du moment qu'on a goûté ce plaiſir, qu'on peut ſe vanter d'avoir connu le Bonheur. Une ame accoutumée à ce genre ſupérieur de plaiſirs, voudroit toujours les goûter, ſouffre à peine la plupart des autres, & ne leur en compare aucun. S'il eſt permis de me citer, parce que l'expérience ſeule peut faire preuve ici, j'avoue que je n'ai jamais

rien éprouvé de comparable à la douce
& pure joie, dont mon ame fut comme
inondée, la premiere fois que je trouvai
l'occafion de faire du bien & d'adoucir
le fort d'un malheureux. Quoiqu'alors
dans cet âge que l'ardeur du fang, le
défaut de réflexion & d'expérience entraînent prefque toujours vers les plaifirs des fens, je fentis que ceux-ci n'é-
toient rien au prix de cette fatisfaction
délicieufe qui pénétre jufqu'au fond de
l'ame, qu'ils né pouvoient qu'en effleurer la fuperficie pour quelques inftans,
mais que le plaifir né de la vertu & de
la bienfaifance la rempliffoit toute entiere, & qu'auffi durable que délicieux,
il fe renouvelloit encore tous les jours.

Le caractere particulier qu'a ce plaifir
de nous être commun avec ceux que nous
obligeons, le redouble & le multiplie à
proportion de leur nombre & de la nature
des bienfaits. Bien plus, en n'ufant de
notre fortune & de nos richeffes que pour

faire le Bonheur des autres, nous sommes
assurés de gagner les cœurs de ceux
même que nous n'obligeons pas. Nous
les déterminons plus efficacement que
par tout autre moyen à s'intéresser, à
concourir eux-mêmes à notre Bonheur.
Personne ne leur en paroît plus digne
que celui qu'ils regardent comme leur
ami & leur bienfaiteur, puisqu'il est
l'ami & le bienfaiteur de l'humanité.
Adorés de ceux qu'ils ne connoissent pas,
comme de ceux qui les environnent, les
cœurs bienfaisans & généreux voyent
tout le monde s'empresser à leur faire
goûter le Bonheur, qu'ils se sont efforcés
de procurer à leurs semblables. Ils le
goûteroient encore, quand personne ne
penseroit à le leur faire goûter.

Car indépendamment de cette récompense si flatteuse, un cœur bienfaisant trouve sa récompense dans la bienfaisance même. Par la compassion & la
sensibilité, il passe en quelque sorte dans

l'ame de celui qu'il oblige & se confond
avec elle. Il goûte tout le contentement
qu'éprouve celle-ci, délivrée du poids
de la misere & de l'affliction ; mais sans
avoir éprouvé la peine & l'humiliation
de cet état ; mais avec un sentiment flatteur de supériorité, qu'il ne faut pas
confondre avec l'orgueil, & auquel il
est permis de se livrer, puisque c'est la
Divinité même qui l'a ménagé à l'homme
bienfaisant (1).

En faisant un heureux, vous êtes heu-

____

(1) Il n'arrive que trop que l'orgueil se glisse dans les
actions les plus vertueuses, & qu'il gâte même tout le
bien que nous faisons aux autres. Qui en doute ? Mais je
parle d'un sentiment, d'un plaisir attaché nécessairement
à l'acte de bienfaisance, qui peut assurément s'exercer
sans orgueil : l'orgueil ne peut que le corrompre. Le
Philosophe bienfaisant qui a souvent éprouvé ce que je dis
ici, m'a compris sans peine. Si d'autres m'accusent d'au-
toriser l'orgueil, je les prie, avant de me condamner,
de s'exercer quelque temps à pratiquer la bienfaisance &
d'étudier alors ce qui se passe dans leur cœur : sinon
qu'ils me permettent de les récuser comme Juges in-
compétens.

reux du Bonheur que vous procurez.
Vous l'êtes encore du Bonheur propre
de la bienfaisance; Bonheur, dont l'Auteur de la Nature a voulu récompenser
ceux qui marcheroient sur ses traces.
C'est en effet par la bienfaisance que les
mortels semblent approcher de la Divinité. C'est à la bienfaisance qu'on éleva
d'abord des autels, & c'est à elle que
toutes les nations remettroient leur sceptre, s'il étoit encore entre leurs mains.
Aussi le plaisir qui suit les actions de
bonté & de générosité, semble être d'une
nature toute différente des autres plaisirs, semble avoir quelque chose de divin. Mais il n'y a que ceux qui ont mérité
de l'éprouver qui puissent le connoître,
qui puissent m'entendre.

Si quelque chose pouvoit faire entrer
l'ambition dans le cœur de l'homme
modeste & vertueux, si quelque chose
pouvoit la justifier; ce seroit sans doute
cet avantage que nous envions avec tant

de raison à l'opulence & à la grandeur, &
que trop souvent l'opulence & la grandeur ne connoissent pas même, l'avantage
de secourir l'indigent, d'essuyer les larmes d'un Peuple désolé, de soutenir le
foible, de sauver l'innocent, de relever
l'opprimé, de faire des heureux : ce seroit le plaisir céleste, le Bonheur, qui en
est le fruit & le digne salaire. Car,
comme on l'a dit fort judicieusement,
« l'homme dont la journée auroit été
» employée à faire du bien, & qui le
» soir n'éprouveroit pas le sentiment
» pur & complet du Bonheur, seroit un
» être contradictoire & inconcevable ».

» Quelle heureuse place que celle qui
» fournit dans tous les instans l'occasion
» à un homme de faire du bien à tant
» de milliers d'hommes ! » La Bruyere
ajoute, pour la consolation de l'humble
citoyen : « Quel dangereux poste que
» celui qui expose à tous momens un
» homme à nuire à un million d'hom-

» mes!» Mais comment ceux à qui leur
élévation & leur fortune permettent de
goûter chaque jour le Bonheur, en sont-
ils si peu jaloux ? Qu'ils soient froids &
indifférens pour le reste des hommes, je
m'en étonne moins; mais le sont-ils aussi
pour leur propre intérêt ? « Si les hom-
» mes ne sont point capables sur la terre
» d'une joie plus naturelle, plus flatteuse
» & plus sensible que de connoître qu'ils
» sont aimés, & si les Grands & les
» Riches sont hommes, peuvent-ils ja-
» mais acheter trop les cœurs ? »

Après avoir essayé une fois du contentement attaché à chaque trait de
bienfaisance, comment ne sont-ils pas
empressés de renouveller à chaque instant le plus délicieux de tous les sentimens ? Ne les entendons-nous pas au
contraire se plaindre de l'épreuve qu'ils
ont faite ? Ne disent-ils pas qu'on est si
mal payé des services, des largesses, du
bien qu'on fait aux hommes en tout

genre, qu'on se lasse infailliblement d'en
faire, & qu'en multipliant les bienfaits,
on est assuré de ne multiplier que les
ingrats?

On peut appliquer aux différentes
conditions de la société ce que Boileau
a remarqué sur la premiere de toutes.
On y trouve toutes les sortes de mérites :
rien n'est rare que des hommes qui mettent leur gloire & leur Bonheur à faire
du bien aux hommes.

Chaque siècle est fécond en heureux téméraires.   Epit. 1.
Chaque climat produit des favoris de Mars. . . .
Mais un Roi vraiment Roi, qui sage en ses pro-
    jets,
Sache en un calme heureux maintenir ses Sujets,
Qui du Bonheur public ait cimenté sa gloire,
Il faut pour le trouver courir toute l'Histoire.
La Terre compte peu de ces Rois bienfaisans.
Le Ciel à les former se prépare long-temps.

Oui, dans tous les états, comme dans
tous les siècles, il naît bien peu de cœurs
vraiment bienfaisans, qui obligent pour

le plaisir d'obliger. C'est par caprice, par vanité, par oftentation, par foibleffe, par intérêt, qu'on fait du bien. L'avarice met les graces à l'enchère, l'audace les enlève, l'importunité les arrache, l'adulation les dérobe, la volupté les paye; l'intrigue, le crédit, la baffeffe, l'impofture, des talens ou frivoles ou criminels fe les partagent. Si les ames reconnoiffantes ne font pas en grand nombre, parce que la reconnoiffance n'a rien que d'humiliant pour l'amour propre, les ames vraiment généreufes ne font peut-être pas plus communes. Comment les Grands obligent-ils? Les délais, les rebuts, les hauteurs, les reproches éternels qu'il faut dévorer, les facrifices, & fouvent les baffeffes qu'ils exigent, font acheter leur protection & leur faveur toujours fort au-deffus de leur valeur effective. Le mépris & la haine pour leurs perfonnes, l'horreur de leur tyrannie, voilà les fruits qu'ils doivent s'at-

tendre à recueillir. Jamais ils ne se mettent à la place du malheureux : jamais ils
ne souffrent avec l'innocent opprimé ;
avec un père défolé, avec des vaffaux
plongés dans l'abyme de la mifere & du
défefpoir : comment pourroient-ils fentir
le changement inefpéré de leur fituation,
devenir heureux avec eux ?

Ne craignons pas de répéter ce qu'on ne
peut affez inculquer aux hommes. La bienfaifance ne donna jamais lieu au repentir :
elle a toujours fon prix , puifqu'elle
eft toujours récompenfée par le plaifir
d'obliger. Elle ne s'attend pas à la reconnoiffance , elle ne l'exige point ; elle ne
cherche qu'à faire le Bonheur des autres.
C'eft un moyen infaillible de faire le fien
propre : c'eft un moyen infaillible de ne
jamais fouffrir de l'ingratitude, & prefque
fûr de ne pas l'éprouver. On croira fans
peine qu'elle ne rend jamais fes fervices
odieux en les rappellant, en les enflant
fans ceffe, en accablant du poids de fa

fupériorité des hommes plus à plaindre pour avoir trouvé de pareils protecteurs, que pour avoir effuyé les revers de la fortune.

Le plus avare des hommes eft moins avide de groffir fon tréfor, qu'un cœur généreux & bienfaifant n'eft empreffé à verfer les largeffes & les graces dans le fein des malheureux. Il ne croit fa fortune bien folide & à l'abri des coups du fort que lorfqu'il l'a partagée avec tous ceux qui l'entourent. Ce fameux Romain qui combattoit avec Augufte pour l'Empire du Monde, trop étroit pour deux Maîtres, vaincu, dépouillé de tout dans le même moment, fentit cette grande vérité, & lui rendit un témoignage frappant qui doit inftruire tous les fiècles : *il ne me refte*, s'écria-t-il alors, *que ce que j'ai donné.*

Mille exemples éclatans, combien d'autres qui le font moins, mais qui, plus près de nous, doivent faire encore plus

d'impreffion,

Plutarque.

d'impreſſion, nous apprennent s'il faut compter ſur les biens de la fortune. Circulant ſans ceſſe dans la ſociété, ne ſe fixant nulle part, ils ne ſont véritablement en propre à perſonne. Mais quiconque a connu leur véritable deſtination, le ſeul endroit par où ils ſoient eſtimables, a ſçu ſe les aſſurer pour toujours, en ſoulageant ſes ſemblables, en faiſant renaître le calme & la joie dans le ſein d'une famille déſolée ; en portant de prompts ſecours à l'innocence & à la pudeur près de périr entre le précipice de la miſere & du déſeſpoir & le ſentier unique du crime & de l'infamie ; en conſolant les malheureux du dérangement des ſaiſons, de la dureté des Grands, des vexations des ſubalternes, & ce qui n'eſt pas un moindre bienfait, en empêchant qu'ils ne ſoient forcés à ſe ſervir de ſecours cruels ou humilians. Oui, en ſe dépouillant de ſes biens pour ces divins uſages, on en conſerve à jamais la

M

jouissance ; on les retrouve au centuple, & au fond de son cœur dans lé témoignage délicieux de la conscience, & au dehors dans l'estime, l'amour, la vénération publique. La mort qui ravit tout, ne peut nous les ravir. Ce que la bienfaisance a consacré devient immortel comme elle-même : la gloiré, la félicité en sont à jamais l'apanagé.

Et de quoi servent à l'avare des trésors auxquels il n'ose toucher ? De quoi servent-ils à l'ambitieux, pour qui l'époque de son élévation est celle de la perte de son repos, de sa sûreté, de sa liberté ; au voluptueux qui, avec des plaisirs de quelques rapides instans, achète une honte qui ne s'efface pas, la langueur & les infirmités de l'âge décrépit au printemps de ses jours ?

Les Grands, pour leur malheur encore plus que pour le malheur des Petits, ignoreront donc toujours le véritable usage de l'autorité & de la fortune. Les

Grands , dit avec trop de vérité la Bruyere , « se piquent d'ouvrir une allée » dans une forêt, de soutenir des terres » par de longues murailles, de dorer » des plafonds, de faire venir dix pouces » d'eau, de meubler une orangerie : » mais de rendre un cœur content, de » combler une ame de joie, de prévenir » d'extrêmes besoins, ou d'y remédier, » leur curiosité ne s'étend pas jusques » là ».

Aussi leur pouvoir, qui semble n'avoir point de bornes, ne s'étend pas non plus jusqu'à procurer la paix & la satisfaction de l'ame. Nos Crésus ne sont pas encore assez riches, pour acheter le seul bien sans lequel ils ne peuvent jouir pleinement des autres. » Un homme fort » riche, dit encore la Bruyere, peut » manger des entremets, faire peindre » ses lambris & ses alcoves, jouir d'un » palais à la campagne & d'un autre à » la ville, avoir un grand équipage,

» mettre un Duc dans fa famille, & faire
» de fon fils un grand Seigneur ; cela eft
» jufte & de fon reffort. Mais il appar-
» tient peut-être à d'autres de vivre
» contens ».

Les Grands durs & dédaigneux mé-
connoiffent à la fois leur intérêt, leur
devoir, la loi fuprême de celui de qui
ils tiennent tout ce qu'ils font. » Lorfque
» Dieu forma le cœur & les entrailles
» de l'homme, il y mit premierement la
» bonté, comme le propre caractere de
» la Nature divine, & pour être comme
» la marque de cette main bienfaifante
» dont nous fortons. La bonté devoit
» donc faire comme le fond de notre
» cœur, & devoit être en même-temps
» le premier attrait que nous aurions en
» nous-mêmes pour gagner les autres hom-
» mes. La grandeur qui vient par-deffus,
» loin d'affoiblir la bonté, n'eft faite que
» pour l'aider à fe communiquer davan-
» tage, comme une fontaine publique,

Boffuet.
Oraifon fun.
du   Grand
Condé.

» qu'on éleve pour la répandre. Les
» cœurs font à ce prix, & les Grands,
» dont la bonté n'eſt pas le partage, par
» une juſte punition de leur dédaigñeuſe
» inſenſibilité, demeureront privés éter-
» nellement du plus grand bien de la vie
» humaine, c'eſt-à-dire, des douceurs
» de la ſociété ».

Ils le feront à plus forte raiſon des douceurs de l'amitié, derniere ſource du Bonheur humain, & qui n'eſt encore autre choſe que la vertu, mais la vertu ſoutenue, fortifiée, élevée au-deſſus d'elle-même par l'étroite & indiſſoluble union avec la vertu. Car il ne peut y avoir de ſociété, digne du nom d'amitié, qui n'ait la vertu pour baſe & pour terme. L'intérêt, le plaiſir, toutes les paſſions, le caprice ſeul ou l'occaſion peut bien faire contraĉter des liaiſons vives & intimes, qui pour des yeux qui ne s'y connoiſſent point, ont toutes les couleurs de l'amitié. Rien dans le fond

Plaiſirs de
l'amitié.

M iij

n'en eſt plus différent. Pourrions-nous
proſtituer ce nom ſacré à des liaiſons
fortuites, mercénaires, frivoles, ou
même vicieuſes? Auſſi loin d'être immortelles comme l'amitié, trouvent-
elles le principe de leur deſtruction dans
le principe même qui les fit naître. Eh!
que peut-on attendre de mieux de la
baſſeſſe de l'intérêt toujours mobile,
des accès irréguliers de la paſſion, ou de
la chaleur intermittente du ſang? Que
dis-je? un cœur, le jouet du caprice,
ou livré à quelque paſſion violente, dé-
voré par l'ambition, rongé par la cupidité, deſſéché par la jalouſie, uſé par
l'amour, eſt incapable d'amitié, ſentiment qui demande un cœur libre, ſerein,
entier, immuable.

L'homme né pour la ſociété, pour y
remplir les devoirs que lui marquent ſes
forces, ſes talens, la place qu'il y occupe,
y eſt invité par ſon propre intérêt, par
l'attrait de ſon Bonheur, qu'il eſpéreroit

follement trouver dans lui feul. *Il n'eft
pas bon que l'homme foit feul*, dit fon divin Auteur, après l'avoir formé. Preffé
de mille befoins depuis l'inftant qu'il entre
dans le monde jufqu'à celui où il difparoît, pour fe réunir à tous ceux qui l'ont
précédé, les befoins de fon cœur font
& les plus vifs & les plus délicieux à
fatisfaire. Malheureux, ô le plus malheureux des hommes, s'il en étoit un qui
ne fentît pas le befoin de la fociété, le
befoin d'aimer & d'être aimé! Il feroit
fans reffource, fans efpoir : mais ce ne
feroit pas un homme, ce feroit un monf-
tre ou un rocher.

Si la fociété, fi l'union des cœurs eft
la fource par excellence du Bonheur, il
s'enfuit donc que la fociété de toutes la
plus intime, l'union la plus complette &
la plus durable, doit être néceffairement
la plus délicieufe. L'expérience de tous
les jours nous apprend ce qu'il en faut
rabattre. « Il y a de bons mariages, nous

Réflexions
morales.

M iv

» dit le Duc de la Rochefoucault, mais
» il n'y en a point de délicieux »: &
l'on sçait combien les premiers même
sont rares. Mais y a-t-il rien, dit-on,
de comparable à l'avantage unique de
trouver dans son épouse une amante à
la fois & une amie, une compagne inséparable, avec qui tout est commun,
plaisirs, peines, fortune, pertes, honneurs, disgraces ? & ces nœuds les plus
étroits qu'il y ait sur la terre, sont encore resserrés par les chastes fruits de
l'amour mutuel, dans qui ce couple heureux se voit renaître, dans qui il vivra
encore lorsqu'il ne sera plus.

Il faut l'avouer : le mariage dans la
spéculation, un mariage parfaitement
assorti, formeroit l'union la plus heureuse qu'on puisse imaginer. Tous les
vœux de la Nature remplis, que reste-
roit-il à souhaiter ? Mais qui en a vu de
ces mariages ? *Qui trouvera la femme forte*,
dit l'Esprit-Saint ? Et quand on auroit

trouvé ce prodige, il en faut un second encore plus étonnant, c'eſt qu'il ſe trouve un homme digne d'elle, & que ce ſoit lui préciſément qui vienne partager ſes deſtinées.

Preſque tous les mariages péchent dans le principe. Quel eſt-il en effet ? l'intérêt, l'ambition, une paſſion aveugle & éphémere, le haſard ; preſque jamais la convenance & la conſidération des caracteres, des goûts, des vertus, des foibleſſes même. On ſe jure un amour éternel ſans ſe connoître : on ſe déteſte dès qu'on ſe connoît. Avant de s'unir, on ſe pare d'attraits & de vertus étrangeres, on couvre d'un voile impoſteur tous ſes défauts ; & preſqu'au moment qu'on eſt mis ſous le joug, pour l'appeſantir à jamais, le maſque tombe, les vertus diſparoiſſent avec les attraits, tous les défauts, les travers, les bizarreries ſe montrent dans toute leur difformité. L'obligation ſeule de porter ce joug tous les jours suffiroit, pour le rendre insupportable à la plupart des hommes. Combien en est-il de capables d'une constance qui ne voit pas de terme ? A des esprits follement jaloux de la liberté, il ne faut que le nom & la condition d'épouse, pour faire à l'instant évanouir des charmes dont ils étoient épris.

Mais supposons de part & d'autre l'assemblage le plus rare d'excellentes qualités, & même d'agrémens: on ne sçait que trop qu'il y a des mérites incompatibles, & qui sont bien loin de pouvoir contribuer à leur Bonheur mutuel. Le plus grand effort de vertu dont ils soient capables, c'est de se supporter. Qu'on ne croye pas qu'il faille toujours pour cela une opposition marquée d'humeurs & d'inclinations. La conformité même suffit quelquefois pour produire cet effet. Deux tempéramens ardens sans cesse opposés l'un à l'autre seront toujours en feu. Deux tempéramens froids

feront engourdis par des glaces que rien
ne peut fondre.

N'en connoît - on pas, me demande-
ra-t-on, de ces unions où l'époux &
l'épouse fe convenant parfaitement, il
ne leur refte rien à defirer de ce côté là ?
Je le veux. S'enfuit-il qu'ils trouveront
dans cet engagement toutes les délices
qu'ont coutume de fe promettre ceux qui
le forment, fans avoir acquis aucune expérience en ce genre ? A-t-on oublié les
charges, les embarras, les foucis qui en
font l'apanage inféparable, & qui paroiffent fi redoutables à ce nombre prodigieux de célibataires, qui groffit tous
les jours ; les alarmes, les chagrins mortels, le déshonneur, qui trop fouvent
marche à la fuite de ces enfans qu'on fe
croyoit malheureux de defirer, qu'on fe
trouve plus malheureux d'avoir obtenus?

Mais enfin n'en eft-il pas de ces mariages heureux ? C'eft bien ici le cas de
répondre avec la fatyre :

 Sans doute, & dans Paris, si je sais bien compter;
Il en est jusqu'à trois que je pourrois citer.

Prétendrions-nous par là dégoûter du
mariage, inviter au célibat, je dis le célibat de luxe, de licence, de systême
prétendu philosophique? A Dieu ne plaise
qu'on nous reproche d'avoir voulu auto-
riser un désordre contre lequel la Politique & la Morale, la Nature & la Religion s'élevent avec une égale force. Les
mariages plus rares & moins féconds
seroient encore moins respectés & plus
orageux. De pareils célibataires, sourds
à la voix de la Patrie, hors de la route
tracée aux humains dès l'origine du
monde par leur divin Auteur, ne peuvent être innocens & sans remords. Ils
ne peuvent donc être heureux. Nous
avons voulu dire seulement que le mariage, à moins qu'aux plaisirs de l'union
conjugale il ne réunisse les ressources de
l'amitié, est bien loin de suffire pour
le Bonheur de l'homme, pour remplir

ſes deſirs & ſes beſoins ; que c'eſt même un motif de plus de ſe jetter dans les bras de l'amitié, qui nous aidera à ſupporter les épreuves & le fardeau d'une ſociété, que, malgré la frivole & téméraire réclamation du libertinage & de la licence, la loi divine & la loi humaine de concert déclarent indiſſoluble.

Nous avouerons même avec plaiſir que le mariage, que le commerce des femmes, apperçu dans le point de vue où ſe place l'Auteur *des réflexions ſur les femmes*, eſt une ſource du pur & vrai Bonheur. Mais le tableau qu'il nous trace eſt-il copié d'après le monde que nous connoiſſons, ou d'après un monde idéal ? » Oh ! ſi ces exemples pouvoient rame-» ner parmi nous la Nature & les mœurs, » s'écrie M. Thomas, après avoir fait le » portrait de femmes *qui honoreroient* » *un autre ſiècle que le nôtre*, ſi nous pou-» vions apprendre combien les vertus » pour le Bonheur même ſont ſupérieu-

Réflexions ſur les Femmes, p. 206, &c.

» res aux plaisirs ; combien une vie sim-
» ple & douce, où l'on n'affecte rien,
» où l'on n'existe que pour soi, & non
» pour les regards des autres, où l'on
» jouit tour à tour de l'amitié, de la
» Nature & de soi-même, est préférable
» à une vie inquiete & turbulente, où
» l'on court sans cesse après un senti-
» ment qu'on ne trouve point : ah ! c'est
» alors que les femmes recouvreroient
» leur empire. C'est alors que la beauté
» embellie par les mœurs, commande-
» roit aux hommes, heureux d'être asser-
» vis & grands dans leur foiblesse. Alors
» une volupté pure & honnête assaison-
» nant tous les instans, feroit un songe
» enchanteur de la vie. Alors les peines
» n'étant pas empoisonnées par le re-
» mords, les peines adoucies par l'amour
» & partagées par l'amitié, seroient
» plutôt une tristesse attendrissante qu'un
» tourment. Dans cet état la société se-
» roit moins active sans doute, mais

» l'intérieur des familles feroit plus
» doux : il y auroit moins d'oftentation
» & plus de plaifir, moins de mouve-
» ment & plus de Bonheur. On parleroit
» moins de plaire, & l'on fe plairoit
» davantage. Les jours s'écouleroient
» purs & tranquilles : & fi le foir on
» n'avoit pas la trifte fatisfaction d'avoir
» pendant le cours d'une journée joué le
» plus tendre intérêt avec trente per-
» fonnes indifférentes, on auroit du
» moins vécu avec celles que l'on aime.
» On auroit ajouté pour le lendemain un
» nouveau charme au fentiment de la
» veille. Faut-il qu'une fi douce image
» ne foit peut-être qu'une illufion ? Et
» dans cette fociété bruyante & vaine,
» n'y a-t-il plus d'afyle pour la fimplicité
» & le bonheur ?

Ce morceau, où brille une Philofophie auffi touchante que folide, me paroît digne de fon Auteur. Mais je ne
voudrois pas dire que l'homme foit

heureux d'être asservi par les femmes, &
grand dans sa foiblesse. Ces idées contras-
tent trop pour pouvoir se concilier.
L'homme vraiment estimable, digne &
jaloux de la prérogative de son sexe, ne
peut renoncer à l'empire qu'il a reçu
des mains de la Nature. Mais cet empire
est celui de la raison, de la douceur &
de l'amour ; & il y associe une femme
sage & vertueuse. Tous deux seront
grands & heureux, parce qu'ils n'auront
pas plus à rougir de la servitude & de
la foiblesse que de la dureté & de la tyrannie.

Retraçons un tableau encore plus naïf
& plus touchant de la félicité domesti-
que sous le règne des mœurs. » Ah !
» nous ne connoissons point les vrais
» plaisirs, les plaisirs des mœurs : nous
» n'avons point d'idée de la révolution
» délicieuse qui se passe dans le cœur
» d'un bon citoyen, d'un homme ver-
» tueux, toutes les fois qu'il rentre dans
                                    » sa

Discours sur les Mœurs, par M. Servan, ancien Avocat général du Parlement de Grenoble.

» fa maifon, lorfqu'il fe dit à lui-même :
» il eft nuit, & j'ai travaillé tout le jour
» pour ma Patrie & pour mes devoirs ;
» mais voici le moment où je vais être
» payé de tout ; je vais retrouver ma
» femme, mes enfans, ma famille. A ces
» noms chers & facrés je fens treffaillir
» mon cœur ; mes pieds m'entraînent
» où mon ame eft déja. Je vais me réunir
» à moi-même. Tous m'aiment, tous
» m'attendent, & je fuis fûr que déja vingt
» fois mes enfans ont interrompu leurs
» jeux innocens pour demander à leur
» mère avec inquiétude fi leur père tar-
» deroit encore long-temps. A peine ils
» me verront, que je n'entendrai qu'un
» cri de joie : tous leurs regards, toutes
» leurs careffes feront pour moi, & je
» leur prodiguerai toutes les miennes :
» je les ferrerai dans mes bras tous en-
» femble, tous l'un après l'autre. Affis à
» la même table, fans doute ils me de-
» manderont compte de ma journée, &

» tout mon cœur leur fera ouvert:
» Qu'ai-je à leur cacher ? Je leur dirai
» ma joie & mes chagrins : quel plaifir
» de les voir fufpendre leur repas, les
» yeux attachés fur les miens, m'écou-
» ter avidement, pâlir à ma moindre
» peine, & s'entre-regarder en fouriant
» à mes moindres plaifirs, quelquefois
» m'interrompre par tendreffe, & fe
» retenir auffi-tôt par refpect, m'écouter
» encore quand je me fuis tu, attendant
» dans un long filence fi je n'ai plus rien
» à leur apprendre de moi : un de mes
» fignes, un coup d'œil, un fouris fera
» le fignal de quelques jeux où je ferai
» pris pour témoin, pour confeil, pour
» arbitre, & toujours pour leur père.
» Et que manquera-t-il enfin à mon
» Bonheur, s'il m'eft permis de terminer
» dans les bras de l'amour une journée
» toute confacrée à la vertu ? »

Dans ce tableau raviffant l'Auteur a
cependant omis un principal perfonnage,

une mère & une épouse, qui en y jettant
l'agrément de la variété, en auroit aug-
menté le vif & tendre intérêt. Voilà véritablement des plaisirs & des mœurs de
l'âge d'or. Si c'étoient là nos plaisirs & nos
mœurs, si à ces traits on reconnoissoit la
plupart des familles, il faut en convenir,
la condition des célibataires seroit trop
malheureuse ; elle auroit trop à envier
à la société conjugale. Il n'y a que les
promesses de la Religion qui pourroient
payer les sacrifices faits à la Religion.
Mais, continue l'éloquent Magistrat,
» les noms doux & vénérables de père,
» de fils, d'époux, n'osent pas même
» aborder sur vos lèvres. . . . . Si la
» ressemblance des noms étoit l'unique
» lien des familles, si jettés en naissant
» dans le sein d'une nourrice étrangere,
» les enfans avoient une mère, qu'ils
» n'eussent jamais embrassée ; si vendus
» à des Instituteurs mercénaires, ils
» avoient un père dont ils n'eussent ja-

» mais entendu les leçons ; si long-temps
» étrangers dans la maison paternelle,
» ils n'y rentroient que comme des
» maîtres futurs, impatiens de survivre
» & de commander » ; alors sans doute
il y auroit plus d'égalité entre les conditions, & la liberté du célibat devien-
droit peut-être un objet de regrets.

On n'attend pas de nous un Traité
sur la maniere de se conduire dans le
mariage, ni sur les sources des désa-
grémens qu'on y éprouve, & qu'on s'y
donne réciproquement. D'ailleurs il
n'entre pas dans mon plan de discuter
en détail ce qui regarde les différens états.
Je me borne à rechercher & à develop-
per les moyens généraux pour toutes
les conditions, comme pour toutes les
conjonctures, de parvenir au Bonheur,
ou du moins de diminuer la somme des
maux qui sans cesse menacent ou affligent
mes semblables. Et je n'en connois point
ni de plus puissant, ni de plus universel,

ni de plus à la portée de tous que l'amitié.

Celui qui a dit qu'il n'y avoit pas de véritable Bonheur sur la terre, sans doute ou il ne connoiſſoit pas l'amitié, ou il ne la crut pas poſſible parmi les hommes. L'amitié n'offre pas les plaiſirs de l'amour, il eſt vrai : elle ſeule cependant peut nous aſſurer le Bonheur. Si elle n'a pas la vivacité & les tranſports de l'amour, elle n'en a pas non plus les tourmens, les regrets, les dégoûts, les foibleſſes, les remords, les caprices & les fureurs. Auſſi égale, auſſi durable que l'amour eſt incapable de l'être, les années, loin de l'uſer, la cimentent de plus en plus : elle ſurvit aux graces & au feu de la jeuneſſe : elle ranime encore de ſa douce chaleur les glaces de la vieilleſſe. Les cœurs guéris des violentes paſſions, ſe repoſent délicieuſement dans le ſein de l'amitié. Là, comme dans un port aſſuré, ils oublient ou ſe rappellent avec une douce ſécurité les écueils, les tempêtes

& les naufrages. Ceux qu'a toujours preservés l'impénétrable égide de la fageffe, goûtent encore mieux les voluptés pures de l'amitié. Il n'y a que des cœurs fublimes qui puiffent atteindre à la perfection de l'amitié; il n'y a que des cœurs neufs, & doués d'une vertueufe fenfibilité, qui foient capables de fe livrer à tout ce que l'amitié a de tendre, de vif & de délicieux.

Mais on nous fait appréhender les fuites d'une fenfibilité, qu'on repréfente comme la fource de nos chagrins les plus cuifans, & qui au poids trop accablant de nos propres infortunes, ajoute celles de nos amis, fouvent plus infupportables encore. Au milieu de ce déluge de maux de toute efpece, toujours prêts à inonder le féjour des humains, le moyen le plus fûr d'y échapper, s'il eft poffible, c'eft, dit-on, de fe tenir abfolument ifolé, d'amortir de plus en plus la fenfibilité pour foi-même, de l'éteindre pour les autres.

C'eft donc ainfi qu'on prétend nous

empêcher d'être malheureux ; en nous
ôtant le feul moyen d'être heureux !

Je conviens que la fenfibilité d'une
belle ame, d'une ame noble & généreufe,
l'expofe à éprouver de fâcheux contre-
coups : mais auffi qui fera capable d'ap-
précier les délices dont elle eft la fource?
Ses larmes même & fes regrets font tem-
pérés par des douceurs fecretes, qu'un
ami tendre n'échangeroit pas contre
l'apathie de ces cœurs de bronze, qui
n'aimant perfonne, font fûrs de n'être
aimés ni plaints de perfonne.

Les plus malheureux des hommes !
Ils n'ont jamais effayé du Bonheur,
puifqu'ils n'ont jamais goûté le plaifir
le plus touchant & le plus pur, celui
d'aimer fans intérêt, fans partage, fans
variation, fans bornes, & de fentir qu'on
eft aimé de même. Profpérité, honneurs,
richeffes, ils ne jouiffent de rien, puifqu'il n'eft perfonne avec qui ils jouiffent. Joie infipide, qu'il faut garder dans

le fond du cœur: triste fortune, dont
personne ne se réjouit, trop souvent
fatale au repos, au Bonheur, à l'innocence; quand il manque un ami, qui
garantiroit de l'ivresse ou la dissiperoit,
qui consoleroit de l'envie déchaînée, &
feroit tête à la ligue de la haîne & de la
calomnie!

Et l'adversité écrase de tout son poids
les infortunés qui n'ont point d'amis,
parce qu'il n'est personne qui l'adoucisse
en la partageant. Mais pour qui a la ressource d'un parfait ami, il n'est point de
revers accablans: ils ne pesent plus, dès
qu'un ami les porte avec vous: & vos
larmes mêlées avec les siennes perdent
leur amertume. Il n'est point de cœur
flétri, serré, déchiré, dont la main d'un
ami ne ferme les plaies, qui à sa voix,
à sa présence seule ne se ranime & ne
s'épanouisse.

C'est dans toutes les situations, c'est
dans toutes les conditions que l'amitié

eſt de tous les ſecours le plus précieux & le plus néceſſaire. On a prétendu que dans les diverſes conditions il y en avoit une incompatible avec l'amitié. Mais s'il étoit décidé que les Rois ne peuvent avoir d'amis , le Trône n'auroit rien qui pût les dédommager d'une ſi cruelle privation. Ils ſeroient les plus infortunés des hommes , s'ils n'avoient pas un ami dans le ſein de qui ils pûſſent ſe délaſſer des pénibles & innombrables devoirs de la royauté, oublier du moins pour quelques inſtans la gêne de la repréſentation , les ſerviles & dégoûtans hommages des courtiſans, tous les écueils du faîte de la grandeur humaine.

Et la vérité , la vérité qui ne peut ceſſer un inſtant d'éclairer les Rois, ſans que le Bonheur des hommes en ſoit troublé, peuvent-ils eſpérer de l'entendre de la bouche d'un autre que d'un ami ſincère & déſintéreſſé ? La trouveroientils donc fur les lèvres d'un troupeau d'efclaves ou d'adulateurs, dont le cœur & la langue font vendus à l'artifice & au menfonge, & proftitués à l'idole de la fortune ; qui obfédant nuit & jour le Trône, ont confpiré enfemble pour intercepter tous les rayons de cette lumiere divine, qu'ils haïffent, & qu'ils redoutént encore plus ?

L'amitié fans doute eft encore plus néceffaire aux Rois qu'à leurs Sujets ; mais il faut convenir que l'amitié des Rois eft la plus rare de toutes, la plus délicate & la plus équivoque. L'amitié trouve l'égalité ou la fait ; & le Trône met toujours une diftance immenfe entre le Prince & le premier de fes Sujets. Quelle élévation d'ame dans celui-là pour fe dépouiller de fa grandeur devant un ami, & pour defcendre jufqu'à lui ! Que de fageffe & de vertu, que de Bonheur même dans celui-ci, pour traiter en quelque forte d'égal avec fon maître, pour fe mainte-

nir fans flatterie, fans baffeffe, fans intrigue, & fans oublier jamais ce qu'il
étoit, & ce qu'il peut redevenir à chaque
inftant ! En un mot n'enlevons pas à une
condition qui fe dévoue pour toutes les
autres, la douce & confolante efpérance
d'un fecours que rien ne pourroit remplacer. Mais avouons - le, puifque nous
y fommes forcés, ce n'eft que dans les
conditions privées que l'amitié eft auffi
fûre que délicieufe.

Et fans l'appui & la confolation de
l'amitié, la vie détrempée de tant d'a-
mertumes, en butte à tant d'orages,
feroit un préfent que le ciel nous auroit   De amicit.
fait dans fa colère. Les richeffes, le crédit,
le plaifir, la fanté, tous les biens, dit
Cicéron, ont des effets néceffairement
bornés : l'avantage de l'amitié feule
s'étend à tout. C'eft elle qui donne un
nouveau prix à tous les autres biens, en
même - temps qu'elle adoucit tous les
maux. Elle eft d'ufage dans tous les
lieux, dans toutes les conjonctures; &

jamais elle n'eſt importune, jamais elle ne laſſe, jamais elle ne s'uſe, jamais elle ne vieillit.

Deux parfaits amis ne ſemblent faire qu'un tout dans l'intention de la Nature : leurs ames, comme ſéparées par violence, ſont dans une agitation perpétuelle : elles ſe cherchent juſqu'au moment qu'elles ſe trouvent réunies. Auſſi-tôt elles paſſent à un calme profond & inaltérable : elles goûtent des voluptés pures, que ne peuvent imaginer ceux qui ne les ont pas ſenties. Les profanes, que l'amitié ellé-même n'a pas initiés à ſes myſteres, ne les croiront point. Et ce n'eſt pas à nous à les leur révéler.

Si l'expérience avoit beſoin de l'autorité, nous pourrions citer en faveur de l'amitié la plus grande de toutes les autorités. « Heureux, s'écrie l'Eſprit-Saint, » celui qui a trouvé un véritable ami ! » Un ami fidèle eſt une défenſe invin- » cible : qui l'a trouvé, a trouvé un » tréſor ; rien ne lui peut être comparé.

Eccli. c. 6
& 26.

» L'or & l'argent ne font rien au prix
» de fa fidélité. »

Auffi quand on l'a trouvé ce parfait
ami , il tient lieu de tout ; & fans
lui le refte du monde n'eft rien. Avec
quelle rapidité , quelle légereté coulent
les heures, les années, & couleroient
les fiècles dans la compagnie d'un ami !
Quelles délices de penfer tout haut devant votre ami , de lui ouvrir votre
cœur, de voir le fien à nud; d'y voir
fes plus intimes penfées, des vertus de
l'âge d'or, une élévation de fentimens
qu'un monde frivole & corrompu ne
connoît point , & n'eft pas capable d'ap-
précier, une fière & courageufe indignation contre la licence & l'injuftice,
quand même elles fe pareroient des plus
grands noms, qu'elles s'environneroient
de toutes parts de l'éclat des honneurs , de l'opulence & du pouvoir.
Dans le fein d'un tel ami, que de-
firez-vous , que pouvez-vous juger
digne de vos defirs? Sans qu'il foit befoin

de parler, vous jouissez de la conversa-
tion la plus touchante. Les yeux, les
cœurs parlent & s'entendent sans se
tromper jamais.

Si cet état pouvoit durer toujours, ne
seroit-ce donc pas la félicité complette ?
Il est vrai que ce Bonheur est souverainement rare : il faut pour cela des ames
si sublimes, si désintéressées, si épurées
de la lie des passions; ce n'est pas assez,
il faut des ames faites l'une pour l'autre.
Combien de noms de parfaits amis les
siecles jusqu'ici écoulés nous ont-ils
transmis ! Il est aisé de les compter, &
presque tous ces noms ne se lisent que
dans la fable.

Tous ceux que l'ambition, l'intérêt,
la volupté, que quelque passion forte a
subjugués, l'amitié, je dis la parfaite &
jalouse amitié, les exclud pour jamais de
son temple. Elle demande des cœurs qui
soient tout à elle, capables des actions
& des dévouemens les plus héroïques,

& dignes à ce titre seul de s'abreuver des plus pures & des plus exquises voluptés.

Un grand Poëte a renfermé en peu de vers le précis de ce que nous venons de dire.

Pour les cœurs corrompus l'amitié n'est point
    faite.
O divine amitié! félicité parfaite !
Seul mouvement de l'ame , où l'excès soit
    permis. . . . .
Sans toi tout homme est seul : il peut par ton
    appui,
Multiplier son être & vivre dans autrui.
Idole d'un cœur juste, & passion du Sage.

M. de Volt. Discours de la modérat. en tout.

Je rougirois d'insister sur ce que la bassesse & la corruption du siecle voudroient nous faire valoir comme la plus forte épreuve de l'amitié, sur le plaisir & le devoir de partager sa fortune avec ses amis. Faut-il donc être ami ? Ne suffit-il pas d'être homme, d'avoir des entrailles, pour les sentir s'émouvoir à la vue des befoins de fes femblables, pour s'eftimer heureux d'effuyer leurs larmes, de foulager leur infortune aux dépens d'une opulence fuperflue & dangereufe, dont le Pere & le bienfaiteur commun de tous les humains ne nous a faits les dépofitaires qu'avec cette charge facrée & à jamais indifpenfable ?

Inutilement nous étendrions-nous fur les avantages & les délices de l'amitié. Ceux qui en ont fait l'heureufe expérience en fçavent plus que tous les livres, & nous ne nous flattons pas de perfuader les autres. Mais on attend peut-être que nous faffions l'application des principes que nous avons tâché d'établir.

SECTION

SECTION VII.

Coup d'œil sur tous les âges & sur les di-
verses conditions, d'après les principes
détaillés jusqu'ici.

Nous ne nous arrêterons pas (& ce
seroit un détail aussi ennuyeux que déplacé) à faire l'application de nos principes à chaque âge & à chaque condition:
il nous suffira, pour être plus clairs &
plus utiles, de parcourir rapidement les
différens âges & les situations générales,
où tous les hommes peuvent se trouver.

Sans doute on ne peut jetter trop tôt,
ni creuser trop avant les fondemens de
l'édifice du Bonheur: jamais il n'est trop
affermi, jamais il n'est achevé assez tôt.
Ce seroit à la raison de chacun de nous à
travailler à ce grand ouvrage, dès qu'elle
a acquis & assez de lumières & assez
d'énergie, pour percer les nuages, diri-

ger ou maîtrifer l'effor des paffions. C'eft
à ceux entre les mains de qui la Patrie
ou la Nature nous a remis dès le berceau,
à fuppléer à notre foibleffe & à notre
imprudence, à veiller fans ceffe fur ces
précieux dépôts; à prévenir même l'aurore de la raifon, pour nous placer fur
la route du Bonheur, pour épier &
étouffer les germes prefque impercepti-
bles de nos chagrins & de nos maux à
venir.

La raifon n'eft pas encore près d'éclore ;
& déja nous avons une humeur, un
cœur, les premiers traits du caractere.
Voilà fur quoi il faut travailler avec une
attention fuivie, douce, éclairée. Ces
inclinations, ces averfions qui commencent à percer, plus flexibles encore que
les membres qui fe développent chaque
jour, font difpofées à recevoir toutes les
impreffions que fçait donner une main
foigneufe & habile. Mais ne laiffez pas
échapper des momens fugitifs qui ne fe

retrouveront point : tandis que ces ar-
brisseaux sont encore tendres, hâtez-
vous de les plier, pour les redresser. Que
ces hommes à peine naissans s'essayent
déja à pratiquer la bienfaisance & la
douceur ; qu'ils aiment la vertu, avant
même de la connoître.

On ne sçauroit de trop bonne heure
inspirer à l'enfance le goût de la bienfaisance & de l'humanité, ni lui en faire
contracter l'habitude, pour son avantage
propre & pour celui de la société. Mais
donnez de la vie & de l'intérêt à une
morale sèche & morte : mettez-la en
actions & en exemples. A cet âge sensible
& avide de spectacles, présentez souvent (hélas ! vous n'aurez pas besoin de
les chercher) des spectacles pathétiques
& attendrissans d'infortune : faites-lui
connoître & desirer le plaisir divin attaché à la soulager. Hâtez - vous de développer & de féconder dans ces cœurs
encore innocens le germe précieux qu'y

a mis la main même de l'Auteur de la
Nature : n'attendez pas que l'ivraie des
difcours féducteurs , des exemples encore plus contagieux l'ait étouffé ou
empoifonné. Tandis qu'ils font ouverts à
toutes les impreffions, ne ceffez d'y verfer d'heureufes femences qui donneront
leurs fruits dans la faifon. Du moins
lorfque la fougue de l'âge & du fang fera
calmée, la raifon, cultivée par une ex-
cellente éducation , recouvrera fes
droits ; les vérités de la Religion qu'on
croyoit éteintes , & qui n'étoient
qu'obfcurcies par d'épaiffes vapeurs, jet-
teront tout-à-coup une vive lumiere ;
les vertus fuccées avec le lait repren-
dront peu à peu le terrein que les paffions feront forcées d'abandonner. La
douceur , la paix profonde de la vertu ,
qui remplaceront l'ivreffe & le trouble
de la volupté, feront bien-tôt oublier &
détefter celle-ci. Gardez-vous fur-tout
des travers de l'éducation vulgaire qui

renforce les défauts naturels au lieu de les sapper insensiblement, qui allume la sensualité, nourrit les caprices en leur obéissant, flatte la vanité, enhardit la présomption, rebute la timidité, prolonge l'enfance, irrite la malignité, & conduit sourdement, mais infailliblement, à l'infortune.

Tantôt on force l'esprit, lorsque le corps foible & délicat n'est point en état de le seconder, pour donner en spectacle de prétendus prodiges, qui n'éblouissent que les sots & finissent par l'imbécillité, ou par une mort aussi prématurée que cette vaine & trompeuse montre d'érudition. Plus souvent on ne parle qu'aux sens : on n'est occupé, sur-tout pour la plus aimable moitié du genre humain, qu'à former le corps, à en effacer ou en masquer les défauts, à relever, quelquefois à altérer, par tous les secrets de l'art, les graces de la Nature. Et ce rayon de la Divinité, qui seul nous donne la supériorité sur le reste des êtres, on semble ignorer qu'il nous anime dès l'âge le plus tendre, que dès-lors il est possible d'en tirer parti, & que plus on cultive cette précieuse plante, plus elle s'éleve, plus elle se développe & se hâte de porter des fruits.

En deux mots amuser utilement l'esprit, sans le rebuter ni le fatiguer; laisser au corps, tandis qu'il croît & se développe, une entiere liberté; étudier avec soin, exercer, cultiver, embellir & réformer l'ame & le caractere: voilà, si je ne me trompe, l'objet & la fonction de l'instituteur du premier âge.

Employé aussi sagement, il dispose à l'âge suivant, bien plus important & plus critique. Le Duc de la Rochefoucault le jugeoit-il trop séverement, lorsqu'il le définissoit : *une ivresse continuelle & la fièvre de la raison?* Quel concours de qualités nécessaires dans celui qui se charge de dissiper cette ivresse, & de calmer l'ardeur de cette fièvre? L'égalité

d'esprit & le sang froid, l'expérience &
les lumieres, de la douceur sans mollesse, de la fermeté sans dureté, de la
condescendance qui se fasse respecter,
de l'autorité qui se fasse aimer, le talent
d'inspirer à propos la crainte & la confiance, le goût des plaisirs vertueux &
utiles, l'horreur de la dissolution & de
ceux qui en font vanité : ce n'en est
pas trop pour préserver une jeunesse
également ignorante & téméraire des
innombrables écueils semés dans la carriere qui s'ouvre devant elle.

Dans les momens que la fougue des
passions, lassées ou satisfaites, cesse de
vous emporter, jeunes insensés qui cou-
rez à votre perte, jettez les yeux sur ce
qui vous environne : que la chûte funeste
de vos maîtres & de vos modèles vous
instruise & vous effraye : que du moins
vos propres erreurs, & ce qu'elles vous
ont coûté, vous en fassent éviter de plus
fatales. Eh ! quel aveuglement est le

vôtre, de conspirer vous-mêmes contre votre repos & votre Bonheur, d'acheter si cher de cruels & inutiles repentirs; de perdre à la fois votre fortune, votre santé, votre honneur! Vous ignorez donc que le vrai Bonheur ne peut se trouver dans le vice & dans l'infamie, qu'il y a des plaisirs infiniment supérieurs à ceux des sens & des passions ; que l'étude, le travail, la vertu, la bienfaisance sont des sources intarissables de délices pures, qui ne lassent point, qui ne rassasient point, qui n'usent point le corps & ne flétrissent point l'ame, & dont le souvenir, toujours doux & glorieux, perpétue en quelque sorte la jouissance.

Ecoutez un moment l'aimable & éloquent Précepteur de nos Princes, qui mérite bien de l'être du genre humain. Sans doute il faut que «vous goûtiez des » plaisirs, mais des plaisirs qui ne vous » passionnent ni ne vous amollissent » point: il vous faut des plaisirs qui vous » délassent, & que vous goûtiez en

Télémaque, ch. 8.

» vous possédant , mais non pas des
» plaisirs qui vous entraînent. . . . .
» Réjouissez-vous, Télémaque , réjouis-
» sez-vous. La sagesse n'a rien d'austere,
» ni d'affecté ; c'est elle qui donne les
» vrais plaisirs ; elle seule les sçait assai-
» sonner pour les rendre purs & dura-
» bles : elle sçait mêler les jeux & les ris
» avec les occupations graves & sérieu-
» ses : elle prépare le plaisir par le travail,
» & elle délasse du travail par le plaisir ».

Apprenez de quelle conséquence il
est pour le Bonheur de vos jours de vous
attacher à prendre incessamment le goût
& l'habitude du travail : apprenez que
sans cela , à charge à vous-même encore
plus qu'aux autres, vous traînerez dans
le mépris une vie désœuvrée , languis-
sante , ennuyeuse ; incapables de servir
la Patrie , d'être utiles à vos amis , de
parvenir à être jamais contens de vous-
mêmes ; incapables de rien de grand, de
solide , d'honorable. Chargés d'une dette
immense envers l'Auteur & le Modéra-

teur de l'Univers, de qui vous avez tout
reçu, envers la Patrie qui vous a tout
confervé, & qu'il s'eft fubftituée en
quelque forte, pour être à votre égard
comme une feconde providence vifible
& continuelle ; comment l'acquitterez-
vous cette double dette, fi vous ne faites
votre capital d'acquérir toutes les connoiffances néceffaires pour remplir la
place à laquelle il vous a deftinés ?

Prefque toujours l'ambition, la cupidité, ou des parens ou des jeunes gens,
quelquefois la fantaifie décide du choix
d'un état. Voilà pourquoi il eft fi peu de
perfonnes contentes du leur : voilà pourquoi tant de mérites déplacés font perdus
pour la fociété, ou deviennent même
nuifibles. Tel qu'on a dévoué au Minif-
tère pacifique des Autels, avoit eu en
partage une ame fière & audacieufe,
pour affronter les hafards de la guerre,
& marcher fur les pas des Céfars : d'autres qui d'une main mal affurée tiennent
la balance de Thémis, ou dont la fauffe

éloquence lui dicte d'iniques oracles, devoient, restant dans la route frayée par leurs pères, se borner à cultiver l'héritage qu'ils en avoient reçu, ou continuer l'échange utile des productions de notre climat & des fruits de notre industrie contre les trésors du nouveau monde.

La jeunesse employée à acquérir l'amour & la facilité du travail, à se rendre capable des fonctions auxquelles la Nature l'appelle, & fidèle à suivre cette voie qui ne peut égarer, sans doute le plus grand obstacle au Bonheur des particuliers, ainsi qu'à la prospérité des Empires, se trouveroit levé. La vie passée dans un état proportionné à nos forces & à nos talens, en cultivant les vertus, en remplissant les devoirs que la Nature & la Patrie attendoient de nous, une telle vie peut-elle être malheureuse ? Les traverses, dont elle n'est pas toujours exempte, sont du moins bien tempérées par les plus solides consolations. Elle nous fait paſſer inſenſiblement à une vieilleſſe auſſi douce qu'honorable.

C'eſt alors qu'on recueille tout ce qu'on a ſemé, qu'on goûte les fruits délicieux de ſes œuvres, de ſes vertus, d'une réputation que l'envie même & la calomnie ſont forcées de reſpecter. Le ſuccès avec lequel chacun a joué ſon rôle dans la jeuneſſe & dans l'âge qui la ſuit, décide néceſſairement du dernier acte de la vie. Le dénouement d'une pièce bien conduite n'eſt-il pas attendu avec impatience. Qui s'eſt jamais plaint après une longue navigation, de découvrir la terre & le port où il doit aborder? Y a-t-il un plaiſir plus touchant que de ſe rappeller alors les périls paſſés, les tempêtes ſoutenues ſans foibleſſe, les écueils qui menaçoient notre vertu, tous heureuſement évités? Peut-on ſe croire malheureux, après avoir combattu, après avoir vaincu, de voir approcher le moment d'être couronné?

Ce que nous avons dit regarde également tous les états, les Grands & le Peuple, l'opulence & la médiocrité. Nous écartons, je le répète, un détail ennuyeux, puisqu'il seroit superflu. Oui le Bonheur est indépendant des états, comme des lieux ou des temps. Il est attaché au caractère d'esprit, à la modération des desirs, à l'égalité & à la fermeté d'ame, à la vertu, à une vertu rigide pour soi-même, douce, humaine, compatissante, généreuse & bienfaisante pour les autres. Et ces précieuses qualités que rien ne remplace, sont également de toutes les conditions, avec cette unique différence que dans l'opulence & dans la grandeur elles sont plus rares & plus utiles, & par-là semblent mériter encore plus d'éloges.

Les deux fameux Satiriques Romains, l'un avec la finesse & l'enjouement que personne n'a égalés, l'autre avec le ton de véhémence qui le caractérise, peignent vivement la folie & la bizarrerie de la plupart des hommes, toujours agités, toujours mécontens de leur état, & soupirant sans cesse après de prétendus avantages qu'ils maudiroient, s'ils avoient le malheur de les obtenir.

« Comment arrive-t-il, dit Horace, » que personne n'est content de son état, » que tous envient le sort les uns des » autres ? Fortunés marchands ! s'écrie » le soldat usé par les travaux encore » plus que par les années. Que le métier » des armes est préférable au mien, s'é- » crie de son côté le marchand, lorsque » son vaisseau est le jouet des vents ! » Car enfin on en vient aux mains, & » dans le moment, mort ou victorieux, » votre sort est décidé. Le jurisconsulte » voudroit être cultivateur, lorsqu'il » entend ses cliens heurter à sa porte » dès le point du jour ; & le cultivateur » arraché à sa terre par un fâcheux pro- » cès, ne trouve d'heureux que les ha- » bitans de la ville. Voilà donc à quoi

» tient leur Bonheur. Mais qu'un Dieu
» touché de leurs plaintes se présente à
» eux & leur dise : me voici prêt à
» exaucer vos vœux. Vous , soldat,
» vous serez marchand ; & vous , juris-
» consulte , cultivateur. Changez donc
» entre vous d'état & de rôle. Quoi !
» vous restez comme vous êtes. Assu-
» rément ils ne voudront plus ».

Il est trop clair que leur malheur ne
venoit point de l'état dont ils se plai-
gnoient , comme le Bonheur n'étoit
point dans celui qu'ils envioient avec
aussi peu de raison.

« De Cadix au Gange & à l'Aurore,
» crie Juvénal , il n'est presque personne
» qui sçache discerner les vrais biens &
» les vrais maux. Le nuage de l'erreur
» couvre toute la terre. Combien de
» fois ne nous sommes-nous pas repentis
» de nos vœux insensés ? Combien les
» Dieux, trop faciles à nous écouter,
» n'ont-ils pas renversé de maisons !

Sat. 10.

Sans ceſſe ignorans de nos propres beſoins ;
Nous demandons au Ciel ce qu'il nous faut le
moins.

» Vous brûlez d'accumuler les honneurs
» & les richeſſes ; c'eſt-à-dire que
» vous voulez voler au ſommet de la
» fortune , pour vous préparer une
» chute plus éclatante & plus funeſte.
» Vous demandez une femme & des
» enfans. Mais les Dieux ſeuls ſçavent
» quels ſeront ces enfans & cette
» femme : laiſſez-donc les Dieux ſeuls
» décider de votre ſort. Peut-être ne
» vous accorderont-ils pas ce qui ſera
» le plus conforme à votre goût : ils
» vous donneront ſûrement ce qui vous
» ſera le plus avantageux. Contentez-
» vous de demander un corps ſain , un
» eſprit droit , une ame forte , au-deſſus
» des vaines terreurs , des charmes de
» la volupté , des aſſauts des paſſions.
» Suivez , ſans vous en écarter jamais ,
» le ſentier ſecret de la vertu : c'eſt celui
» du

» du repos & du Bonheur. Cessons d'a-
» dorer & de craindre la fortune. Soyons
» sages , & la fortune n'est rien. C'est
» nous , c'est notre cupidité insensée ,
» qui a créé la chimere de la fortune ,
» & qui l'a placée dans le ciel ».

Deux maximes qui sont comme le
résultat d'un ouvrage estimé sur la *théo-*
rie des sentimens agréables , renferment
aussi le précis de ce que nous avons
dit de plus intéressant sur le Bonheur.
« Plaçons, autant qu'il nous est possible ,
» notre Bonheur & notre perfection , non
» dans les biens qui sont hors de nous,
» mais dans l'amour de la vertu & de
» nos devoirs, & dans une suite d'oc-
» cupations assorties à nos talens & à
» notre état. 2°. Prenons avec les autres
» hommes une façon de vivre, qui soit
» de nature à porter dans le cœur des
» mouvemens de bienveillance , & à
» en écarter tout ce qui ressent la haine,
» le trouble & le chagrin ».

P

Le Bonheur en effet, s'il exifte, femble fe confondre avec une fuite de fentimens doux & agréables, que rien ne
trouble jamais ni n'empoifonne. Et tout
fentiment, tout mouvement du cœur
où domine la bienveillance, & que
n'infectent ni la haine, ni la crainte, eft
un plaifir; comme tout mouvement produit par la haine ou le trouble eft une
douleur.

Puiffe cette foible efquiffe donner
quelque idée des moyens que nous avons
en nous-mêmes & dans les êtres qui
nous environnent, pour atteindre au
but de tous les mortels ! Puiffe-t-elle
contribuer à diminuer le nombre des
malheurs & des malheureux, à ramener
ceux de mes femblables qui fe feroient
écartés en cherchant la route du Bonheur & de la félicité ! Bonheur, félicité ! Je fuis obligé d'en faire l'aveu, je
ne puis plus foutenir ces noms impo-
fans, fi peu faits pour notre condition
préfente.

Ah! ceſſons de faire valoir des moyens
que la Nature & la Philoſophie nous ont
mis en main , moyens trop foibles ,
trop inſuffiſans , & encore plus fragiles
qu'inſuffiſans. Recourons , puiſque nous
y ſommes forcés , à des reſſources ſupé-
rieures , qui commencent où finiſſent
les moyens humains ; qui ſuppléent tout
ce qui leur manque , réparent & recti-
fient ce qu'ils ont de défectueux ou de
dangereux ; ne ſont jamais plus abon-
dantes ni plus efficaces , que quand ils
nous échappent ou nous deviennent
inutiles. Jettons-nous dans les bras de la
Religion. Fille du Ciel , elle n'eſt deſcen-
due ſur la terre que pour y faire regner
avec elle l'innocence , la paix & le
Bonheur.

SECTION VIII, & derniere.

Les reſſources de la Religion qui s'étend à tout, ſupplée à la foibleſſe & à l'inconſtance des moyens humains, corrige ce qu'ils ont de défectueux, conſole de tous les maux, tient lieu de tout où tout manque.

DANS un ſiècle, où marche à front découvert une licence effrénée dans les écrits comme dans les mœurs, qui ſe pare vainement du grand nom de Philoſophie, & qui après avoir follement eſſayé d'ébranler les fondemens qu'une main divine a donnés à la Religion, ſe retranche à faire voler du moins les traits trop redoutés du ridicule ſur tout ce qui y a quelque rapport, ſur ſon hiſtoire, ſon culte, ſes loix, ſes Miniſtres, ſes partiſans, on ſera peut-être étonné que non-ſeulement je me faſſe gloire de prononcer ici ſon nom,

mais que j'ose la proposer à mes semblables, comme la seule base solide du
Bonheur, & le supplément nécessaire
de toutes les ressources humaines. Une
arme dont on abuseroit à ce point n'est
pas à redouter. Pénétré d'une vérité
capitale pour tous les hommes, je voudrois pouvoir la persuader à tous; aux
censeurs même aveugles, aux ennemis
infortunés de la Religion, qui s'égarent
à la poursuite des fantômes forgés par
l'erreur & les passions, & qui trouveroient dans le sein de la Religion une
paix, un contentement qu'ils n'ont pas
encore éprouvé. C'est ainsi qu'elle aime
à se venger. Mais ils ne la connoissent
point : ils ne la voient qu'à travers des
nuages infideles. Et pour en connoître
les avantages, il faut en avoir pratiqué
les devoirs.

Je sens toute la foiblesse des argumens
que j'ai été quelquefois forcé d'employer, celle des remedes que j'ai in-

diqués contre les différens maux de la vie. Sans doute ce ne font trop fouvent que des palliatifs. Nous l'éprouvons tous les jours. Par une fuite d'accidens que la prudence & l'induftrie humaine ne peuvent ni prévoir ni garantir, nous fommes privés ou dépouillés de ces avantages, qui, au jugement de tous les hommes, font de véritables biens; nous fommes accablés de ce que nous regardons tous comme des maux. Or comment nous trouverons-nous heureux alors ? Comment pourrons-nous nous croire dédommagés ; s'il ne nous refte ou la jouiffance, ou l'efpérance du moins de biens d'un ordre fupérieur, inacceffibles à la malice des hommes, au caprice de ce qu'on appelle la fortune ?

Les Philofophes (1) fe préfentent avec

____

(1) On voit affez de quels Philofophes nous parlons ici, felon l'acception vulgaire. Perfonne ne refpecte plus que moi les vrais Philofophes, qui honorent ce beau nom par leurs mœurs & par leurs lumières.

confiance. Ils ont, à les entendre, une recette infaillible pour le Bonheur, comme pour la fageffe. Nous les croirions peut-être, fi nous les connoiffions moins. Reffembleroient-ils à ces Empiriques qui poffedent des fecrets de famille qui conduifent néceffairement jufqu'à la décrépitude, quoique leurs peres & leurs aïeux foient par hafard morts fort jeunes ?

La Bruyere.

Mais enfin ils font trop modeftes, pour fe croire fupérieurs aux anciens Philofophes. Quels hommes que les Platons, les Socrates, les Ariftotes, les Cicérons ! Cependant tous ces puiffans génies ou ont reconnu ingénument qu'il n'y avoit pas de vrai Bonheur fur la terre, ou l'ont prouvé malgré eux, en le mettant dans des biens qui ne dépendent point de nous, & qui ne fuffifent point pour le Bonheur, comme le démontre l'expérience de fix mille ans.

La vérité eft une & toujours la même:

& tous opposés les uns aux autres dans leurs opinions sur le Bonheur, ils ne le sont gueres moins à eux-mêmes. Mais les modernes sont-ils plus d'accord? Ils sont plus inexcusables, puisqu'ils refusent de marcher à la lumiere de ce flambeau divin, qui seul peut dissiper les ténebres répandues sur toute la terre, & nous montrer la route de la sagesse & du Bonheur, toujours cherchée jusqu'ici, & toujours cherchée vainement.

Frappé du spectacle des miseres humaines qui se reproduit par-tout à des yeux un peu accoutumés à observer, qui perce même à travers l'éclat de l'opulence & les efforts de l'art; frappé des fausses joies du monde, de ses plaisirs frivoles ou dangereux, de ses promesses trompeuses, de ses biens payés toujours trop cher, du vuide immense que laisse la fortune la plus enviée, de l'inconstance, de la durée éphémere des avantages en apparence les plus desirables,

non je n'aurois jamais eu le courage
d'entreprendre un traité sur le Bonheur,
si la vue de la Religion ne m'eût-sou-
tenu ; si elle ne m'eût offert de quoi
balancer, remplacer, adoucir, effacer
les épreuves, les sacrifices, les revers,
les dégoûts, les chagrins mortels, l'ap-
panage commun de tous les enfans d'un
pere coupable & dégradé.

L'Esprit-Saint nous l'assure, une cruelle
expérience ne nous permet pas d'en
douter, *un pesant joug est imposé aux en-*   Eccli. c. 40.
fans d'Adam, dès leur sortie du sein ma-
ternel, jusqu'au jour de leur sépulture dans
le sein de leur mere commune, depuis celui
qui est assis sur le trône, jusqu'au dernier
de ses sujets qui rampe dans la poussière.
Les ennuis, les allarmes, la douleur, les
orages & les illusions des passions, le
glaive de la mort toujours menaçant,
autant de sources intarissables du déluge
d'amertume qui inonde la vie entiere.
Dans ces heures même qu'une Provi-

dence compatiſſante accorde aux hommes, pour ſe délaſſer de leurs travaux, pour ſuſpendre du moins le ſentiment de leurs maux ; dans les bras du ſommeil, des fantômes & des ſonges effrayans les agitent & ne leur laiſſent point de relâche. Et ces ſonges ennemis de notre repos *nous pourſuivent juſqu'en veillant. Ces terreurs qui nous ſaiſiſſent ſans ſujet, qu'eſt-ce autre choſe que des ſonges & dés fantômes effrayans ?*

De quelque côté que vous tourniez les yeux, tout vous préſente, dit ſaint Auguſtin, l'accablant ſpectacle des miſeres de l'humanité. Et comment vous y ſouſtraire ? L'imagination eſt ingénieuſe à vous créer des plans enchanteurs de félicité. Mais dans la réalité pouvez-vous paſſer un ſeul jour, ſi vous voulez remplir tous vos devoirs, ſans avoir à ſoutenir une guerre inteſtine ? Et pouvez-vous être heureux ſans les remplir ? Voyez le premier âge, ce-

Boſſuet, élévations ſur les Myſtères.

Liv. 4. contr. Juli.

lui qui par son innocence semble avoir
le plus de droit au Bonheur, parmi
quelles vanités, quelles foiblesses, quels
pleurs & quelles allarmes il prend son
accroissement ! Et dans les âges qui suivent, que de piéges, que d'épreuves !
Sans cesse l'erreur cherche à vous sé-
duire, la flatterie à vous faire avaler
son poison, le découragement à vous
abattre, la présomption à vous préci-
piter, la tristesse à vous consumer, la
cupidité, l'ambition, toutes les passions
à vous brûler de leurs feux, que rien ne
peut éteindre.

Croyez-vous donc que du sein du
trouble, des soucis & des remords
puisse éclore le Bonheur, le repos, &
le contentement de l'esprit ? Les avantages & les plaisirs que nous avons tâché,
pour la consolation de nos semblables,
de présenter sous le jour le plus favo-
rable, & d'épurer de la contagion du
siecle, il faut en convenir, ils sont ab-

folument infuffifans fans le fecours de la Religion, qui eft également néceffaire dans toutes les fituations de la vie. Il ne fera que trop aifé de nous en convaincre.

Les plaifirs des fens infuffifans, ou nuifibles fans la Religion.

Et pour commencer par les plaifirs des fens, féparés de la Religion ils font & un piége pour l'innocence & un obftacle pour le Bonheur. La Religion feule nous préferve furement des plaifirs qui traînent après eux la honte, la douleur & les remords; elle feule met un frein à tous. Elle feule peut nous dédommager au centuple, quand ils nous manquent, en nous affurant des plaifirs qui ne laffent point, qui ne dégradent point; qu'on achete toujours à vil prix, quoiqu'ils puiffent coûter; qui plus ils font goûtés, plus ils font redemandés.

Théorie des fentim. agréables.

« Non, Jefus-Chrift, dit un Auteur » eftimé, ne nous fait point renoncer à » l'amour du plaifir, & ne condamne » point la vertu à être malheureufe ici

» bas. Sa loi est pleine de charmes. Elle
» est toute comprise dans l'amour de
» Dieu & du prochain. La source des
» plaisirs légitimes ne coule pas moins
» pour le Chrétien que pour l'homme
» profane. Mais dans l'ordre de la grace
» il est infiniment plus heureux par ce
» qu'il espere, que par ce qu'il possede.
» Le Bonheur qu'il goûte ici bas devient
» pour lui le germe d'un Bonheur éternel.
» Ses plaisirs sont ceux de la modération,
» de la bienfaisance, de la tempérance,
» de la conscience : plaisirs purs, no-
» bles, spirituels & fort supérieurs aux
» plaisirs des sens ».

Ils ne le font pas moins aux plaifirs de l'esprit, qu'on puise dans l'étude
& dans les lettres humaines. Nous n'a-
vons garde de rien retrancher de l'idée
que nous avons tâché de donner de
ceux-ci. Nous y ajouterions plutôt : c'est
un tribut que la justice & la reconnois-
fance exigent de notre part. Mais il
n'en est pas moins vrai qu'ils ne peu-

vent convenir qu'à un très-petit nombre de personnes, qu'ils ne sont ni de tous les états, ni de toutes les situations. Ce n'est donc pas là le Bonheur de l'humanité, puisqu'il doit être commun à tous.

S'il y avoit en ce genre une destinée à envier, ce seroit sans doute celle des esprits du premier ordre que couronnent tous les lauriers du Parnasse, & dont les noms fameux sont consacrés dans le temple de l'immortalité. Et ce sont ces excellens Ecrivains qui se plaignent d'avoir acheté trop cher les faveurs des Muses, de les avoir achetées au prix de leur repos, de leur santé, de toutes les douceurs de la vie. Ecoutons-les un moment. S'ils ne nous persuadent pas, ils nous plairont à coup sûr, & feront une agréable diversion.

Boïl. Sat. 2. Malheureux mille fois celui dont la manie
Veut aux règles de l'art asservir son génie.
Un sot en écrivant fait tout avec plaisir :
Il n'a point en ses vers l'embarras de choisir ;

Et toujours amoureux de ce qu'il vient d'écrire,
Ravi d'étonnement, en soi-même il s'admire.
Mais un esprit sublime en vain veut s'élever
A ce degré parfait qu'il tâche de trouver :
Et toujours mécontent de ce qu'il vient de faire,
Il plaît à tout le monde, & ne sçauroit se plaire.
Et tel dont en tous lieux chacun vante l'esprit,
Voudroit, pour son repos, n'avoir jamais écrit.

Rousseau, ce digne disciple de Boileau n'est pas moins énergique. Nous ne citerons qu'un trait.

Des veilles, des travaux un foible cœur s'étonne :
Apprenons toutefois que le fils de Latone,
    Dont nous suivons la cour,
Ne nous vend qu'à ce prix ces traits de vive
       flamme,
Et ces aîles de feu qui ravissent une ame
    Au céleste séjour.

L. 2 des Od.
1. Od.

Qu'est-ce donc qui pourra dédommager de tant de peines, de veilles & de dégoûts ? Le son flatteur des applaudissemens publics, la douce vapeur de la gloire ? Elle peut bien enivrer pour quelques instans, mais avec l'ivresse

le Bonheur s'évanouit. Et l'on fent alors
que cette gloire, ce prétendu avant-
goût de l'immortalité que l'Ecrivain
fublime & le Héros ont toujours fous
les yeux, comme le feul prix digne de
leurs travaux, loin de pouvoir remplir
le cœur humain, n'eft qu'une illufion,
un fantôme qui difparoît au moment
qu'on veut le faifir.

Et le Public, qui à la vérité rend
toujours juftice aux morts, fait fouvent éprouver aux vivans fes caprices,
& laiffe ufurper aux Pradons les éloges
dus aux Racines. L'Auteur d'Athalie
defcendit dans le tombeau, avant qu'on
eût ouvert les yeux fur le mérite de
fon chef-d'œuvre, & prefque certain
lui-même d'avoir échoué. Dégoûté de
l'art qui lui doit fa perfection, & auquel
il doit l'immortalité, il n'eût rien plus
à cœur que d'en éloigner fes enfans, en
les affurant que les fuccès les plus heureux ne procurent jamais à un Auteur

Mémoire fur
la vie de Ra-
cine.

une

une satisfaction complette , & que la plus mauvaise critique lui avoit toujours causé plus de chagrin que les applaudissemens les plus flatteurs ne lui avoient fait de plaisir.

L'envie *d'un flot de vains Auteurs*, comme s'exprime leur censeur le plus redoutable, peuple *d'intrus au sacré vallon*, s'acharne toujours sur les grands Ecrivains, & s'efforce de noircir de son souffle infect les chefs - d'œuvre qu'elle ne leur pardonne jamais.

> Si-tôt que d'Apollon un génie inspiré ,
> Trouve loin du vulgaire un chemin ignoré ,
> En cent lieux contre lui les cabales s'amassent,
> Ses rivaux obscurcis autour de lui croassent;
> Et son trop de lumiere importunant les yeux ,
> De ses propres amis lui fait des envieux.
> La mort seule ici bas , en terminant sa vie ,
> Peut calmer sur son nom l'injustice & l'envie,
> Faire au poids du bon sens peser tous ses écrits,
> Et donner à ses vers leur légitime prix.

Boil. Ep. 7.

Ces illustres Ecrivains n'ont fait que

répéter ce qu'ils avoient appris des Anciens, & ce que leur propre expérience
leur avoit confirmé. Il est vrai que le
grand nombre d'Auteurs de nos jours a
sçu tirer des lettres un parti bien plus
avantageux. Sans invention, sans art,
sans autre mérite que de flatter le goût
général de paresse, de frivolité, de
volupté, joint cependant à la prétention
de décider de tout & de devenir l'ora-
cle des ignorans & des femmes; sans
autre mérite & sans autre travail que de
rimer de mauvaise prose, d'extraire, de
transposer, de compiler, sur-tout de
fronder tout ce qui jusqu'à ce jour avoit
été regardé comme sacré par nos grands
Ecrivains,

Boil. Sat. 2.

Ils trouvent. . . . . . quoiqu'on en puisse dire,
Un Marchand pour les vendre & des sots pour
les lire . . . . .
Bienheureux Scudéris, dont la fertile plume
Peut tous les mois sans peine enfanter un volume.

Ce qui est trop sérieux, & qui inté-

reffe le bonheur public, c'eft que la
profeffion d'homme de lettres devient
de jour en jour plus critique. Ceux qui
prétendent donner le ton, femblent,
comme on l'a remarqué, avoir formé
le projet d'une ligue générale, pour
renverfer à la fois les regles anciennes
& les ftatues des héros de la littérature ; pour fapper tous les principes
des mœurs, du gouvernement & de la
religion, fur lefquels pofent les fondemens des empires & de toutes les vertus : tant l'efprit d'innovation & d'indépendance eft audacieux & fatal !

Elle eft donc plus indifpenfable que jamais la connoiffance de la Religion. Elle
feule peut nous apprendre le véritable
ufage des fciences profanes, & nous
prémunir contre leurs dangers. Elle feule
la regle, le flambeau, la confolation de
tous les états, fe trouve auffi à la portée de tous les efprits. Le Fondateur
adorable de la Religion fe plaît à la com-

muniquer aux cœurs simples & droits ;
tandis que de prétendus sages enivrés
d'un faux savoir, méconnoissent les premieres vérités, flottent dans l'incerti-
tude sur tout ce qu'il est essentiel de connoître, & aussi funeste que honteux
d'ignorer. Un Dieu créateur, modérateur de l'univers, auteur & protecteur
de toutes les sociétés, bon & juste
sans acception pour tous les hommes,
qui sont également ses enfans, mo-
dele & rémunérateur magnifique de
toutes les vertus, qui sont trop souvent
méprisées, gémissantes, opprimées ;
vengeur redoutable & éternel de la
fraude & de la violence, du crime &
de l'impiété, dans un moment, après ce
songe rapide de la vie : quelles vérités !
quelle perspective délicieuse pour tous
les instans ! quelle source inépuisable de
consolation, de calme, de joie pour
l'homme de bien fidele à tous ses devoirs
envers Dieu & envers ses semblables !

L'esprit le plus borné, le moins propre aux sciences est capable de ces réflexions. Et dans l'infirmité qui nous rend l'étude impraticable, elles ont un nouvel attrait. Et sur le déclin des forces & de la vie, elles nous soutiennent, elles nous raniment. Loin de permettre un regret, ni un soupir pour ce qui nous échappe, elles nous font hâter par nos vœux l'heureuse révolution, qui commence à se faire sentir.

Voilà ce que la Religion ajoute aux plaisirs que donnent les connoissances de l'esprit. Elle n'ajoute pas moins à ceux qui naissent des actes de vertu & de bienfaisance.

Ce n'est plus une vertu humaine seulement ou philosophique que nous pratiquons. Ce ne sont plus seulement des hommes comme nous, que nous soulageons, que nous arrachons à l'oppression ou à la misere. Notre vertu s'épure, s'annoblit, s'éleve jusqu'à la Divinité;

Point de vertu parfaite sans la Religion.

Q iij

Et la douce & chaste volupté sa fidelle
compagne, s'épure, s'annoblit & s'é-
leve avec elle. C'est par les ordres &
à l'exemple de l'Auteur adorable de la
Religion, que nous cultivons des vertus
qu'il a divinisées en quelque sorte par
ses actions. C'est notre Dieu lui-même
que nous secourons, que nous consolons, toutes les fois que nous consolons
& que nous secourons nos semblables :
tout ce que vous aurez fait au dernier
Mat. 25.   de vos freres, nous dit-il, c'est à moi-
même que vous l'aurez fait. Nous n'a-
vons plus à craindre que nos bienfaits
se perdent, en tombant sur des ingrats.
C'est lui-même qui se charge de la dette
& de la reconnoissance; qui nous tiendra
compte avec une magnificence digne de
lui, non-seulement du bien que nous
faisons, mais de celui même que nous
voudrions faire. Vertus obscures, ca-
lomniées, foulées aux pieds par le vice
superbe & triomphant, vous chancelez,

vous êtes prêtes à vous démentir. Igno-
rez-vous donc que vous ne pouvez
échapper à l'œil du Dieu des vertus , ni
demeurer sans récompense ? Cette seule
réflexion les releve , & leur rend un
courage désormais invincible.

Mais la vertu ne se suffit-elle pas à
elle - même ? Ne trouve-t-elle pas dans
elle-même sa récompense ? Paroles pom-
peuses , qui n'ont de vérité & d'énergie
que lorsqu'elles s'appliquent à des vertus inspirées par la foi , & soutenues
par l'espérance chrétienne. La vertu sans
objet, sans appui , sans témoin , sans
espoir, sans vengeur, quelle vertu ! Sera-
t-elle à l'épreuve de la séduction & de
la violence, de l'opulence & de la misere , de l'assurance de l'impunité , de
la tentation de l'orgueil , d'une subite &
affreuse catastrophe ?

Cet austere & magnanime partisan de la
vertu , Brutus près de mourir le dernier
des Romains, d'un trait efface toute sa

Plutarque.

Q iv

gloire. Il cesse de croire à la vertu. *Ver-tu, tu n'es qu'un vain nom*, s'écrie-t-il désespéré. *Fantôme imposteur, tu m'as entraîné à ma perte: je t'ai suivi jusqu'à ma dernière heure: tu t'évanouis, & je meurs.*

Voilà où aboutit la vertu sans la Religion. Mais si un Chrétien pouvoit s'égarer jusques-là; je t'ai trompé, téméraire, lui crieroit la Religion? Peux-tu le croire? « Ton ame est-elle anéantie, » a-t-elle cessé d'exister? O mon fils, ne » souille point ta noble vie en la finis- » sant: ne laisse point ton espoir & ta » gloire avec ton corps. Pourquoi dis-tu, » la vertu n'est rien, quand tu peux » jouir de la tienne? tu vas mourir, » penses-tu: non tu vas vivre; & c'est » alors que je tiendrai tout ce que je t'ai » promis ».

Oui, la vertu du Chrétien est immuable; sa constance est inébranlable, comme le bras qui le soutient. A la fin de sa course, sur le point de saisir la palme du

vainqueur, il redouble de courage &
d'allégreſſe. Plein de mépris pour cette
ſcène toujours mobile, pour ces frivoles
ſimulacres de Bonheur, il bénit mille
fois le jour où il les abjura, où il mit
tout aux pieds de la Religion & de la
vertu, qui lui reſtent ſeules en ce moment, & dans leſquelles il retrouve au
centuple tout ce qu'il a ſacrifié.

La vertu ſans la Religion, loin de
ſuffire à notre Bonheur, ne mérite donc
pas même le nom de vertu. Il en eſt ainſi
à plus forte raiſon de l'amitié, qui ne
peut avoir d'autre baſe que la vertu, &
une ſublime vertu. Je ne parle pas,
comme on voit, des liaiſons vulgaires
& mercénaires, auxquelles nous ne rou-
giſſons pas de proſtituer ce nom reſpec-
table. Sans le ſecours de la vertu & de
la Religion, l'amitié ſortira-t-elle entiere de toutes les épreuves où elle ſe
trouve expoſée, ſur-tout entre égaux ?
étouffera-t-elle toutes les rivalités d'in-

Point d'ami-
tié ſolide ſans
la Religion.

térêt, d'honneurs & de gloire ? Non, les
nœuds de l'amitié ne deviennent indif-
folubles, que lorfqu'ils font refferrés par
la Religion. Celui qui craint Dieu, dit
l'Efprit-Saint, fera un ami fidèle, &
méritera de trouver un pareil ami, qui
fera comme un autre lui-même. J'en
appelle à l'expérience. Tous les jours les
amitiés les plus folidement cimentées,
ce femble, fortifiées par les chaînes de
l'habitude & par la voix du fang, nous
les voyons venir fe brifer contre l'écueil
de quelque paffion. Et il eft réfervé à la
Religion de mettre toutes les paffions
fous nos pieds.

Mais les amitiés humaines, n'euffent-
elles rien à craindre de nos foibleffes
& de notre inconftance, elles ont toutes
en elles-mêmes un vice inévitable, &
d'autant plus terrible, qu'elles font plus
parfaites. La mort nous ravira cet ami
fi cher, notre confolation, notre foutien,
notre Bonheur : elle féparera cruelle-

ment ces deux moitiés si délicieusement unies. Elle frappera infailliblement ce coup aff eux. Et combien de fois elle nous menace avant de le frapper?

» L'amour, ce sentiment céleste, est » la seule image qui soit restée sur terre » de la premiere félicité..... Il n'existe » que dans le cœur d'un petit nombre » d'hommes vertueux. Hélas! il ne les » rend heureux qu'un moment..... un » moment, & ils meurent.... La mort » les sépare à jamais».

Le Messie, Poëme de M. Klopstock.

Au moment de cette cruelle catastrophe, un deuil effroyable couvre la Nature : elle semble rentrer pour nous dans le néant. Tout nous manque à la fois; tout renouvelle & aigrit notre douleur. La Religion seule se présente pour nous consoler & nous soutenir : sa voix se fait entendre au fond de notre cœur. Pourquoi te désoler, comme l'infidèle *qui n'a point d'espérance?* Non, ton ami n'est point mort; il n'a fait que changer de vie, une vie paſſagere pour une vie éternelle. Il t'a précédé de quelques jours, & tu vas lui être réuni pour ne plus en être ſéparé.

C'eſt ainſi que la Religion ſçait nous conſoler dans la plus cruelle affliction où l'humanité puiſſe être expoſée. Que les conſolations des Philoſophes & des Sages ſont différentes ! qu'elles ſont in-ſuffiſantes ! Un des plus fameux & des plus ſenſés ſe contente de nous dire froi-dement, que « ſi l'amitié eſt un des plus » grands biens de la vie, c'eſt auſſi un » des plus aiſés à acquérir. Dieu fait les » hommes, & les hommes font les amis. » Faiſons de nouveaux amis : par ce » moyen nous ne les aurons pas perdus, » mais multipliés ».

Il eſt étonnant qu'un homme qui avoit paſſé ſa vie à étudier les hommes, les ait aſſez peu connus pour en parler ainſi, pour croire qu'il ne dépend que de nous d'y trouver tous les jours de nouveaux amis, pour ne pas être convaincu qu'il n'eſt point de perte plus difficile à réparer. Eh! que peut-il y avoir de plus rare, que de rencontrer & cette vertu parfaite, qui eſt comme la baſe de l'amitié, & cet aſſortiment d'humeurs, de goûts, de caracteres, qui ſeul peut élever ſur cette baſe la véritable amitié?

Si le ſecours de la Religion eſt néceſ-faire, pour ſuppléer au vuide & à l'inſuffiſance des biens que la Nature, la raiſon & le ſentiment nous offrent; il l'eſt encore plus pour nous ſoutenir contre les dangers & les maux ſans nombre, qui à chaque inſtant ou aſſiégent ou menacent l'humanité.

Pour être heureux, dit Saint Auguſtin, il faut n'être point trompé, ne rien ſouffrir & ne rien craindre. Mais l'erreur, la douleur & la crainte ne regnent-elles pas ſur cette terre étrangere, où nous voyageons pour arriver à la Patrie? ce n'eſt que dans le Royaume des Cieux

La Religion néceſſaire contre tous les maux de la vie.

Boſſuet, Sermon pour la fête de tous les Saints.

qu'il n'y aura point d'erreur, parce qu'on y verra Dieu, point de douleur, parce qu'on y jouira de Dieu, point de crainte ni d'inquiétude, parce qu'on s'y reposera à jamais en Dieu.

Le regne de la Religion dans les cœurs nous fait goûter dès cette vie un essai de cette suprême félicité. Dès cette vie la Religion nous fait connoître, nous fait du moins entrevoir la vérité, la vérité pure, universelle, immuable, qui n'est autre que Dieu même. Elle nous fait goûter cette joie solide, dont la vérité est le fond, dont la perfection est le fruit, dont l'éternité est la durée. Le repos sur-tout est l'objet des vœux de tous les mortels qui le regardent comme la base du Bonheur. Mais connoît-on le repos dans le monde ? Il faut donc, conclud le grand Bossuet, chercher un moyen de sortir de l'enceinte de ce monde. Une partie de nous-mêmes, sur laquelle la fortune n'avoit aucun droit,

cet esprit, cette intelligence indépen-
dante, immortelle, nous l'avons soumise
à ses caprices, en l'engageant dans les
biens du monde. Que reste-t-il, que de
l'en tirer & de l'établir dans la Cité sainte
que Dieu nous a préparée ? L'espérance
est l'ancre qui doit la fixer dans la terre
des vivans. Ainsi le Pilote, par le moyen
d'une ancre, fait trouver à son vaisseau
de la consistance au milieu des flots, &
une espece de port dans le tumulte même
de l'océan. *Quam sicut anchoram habemus* Heb. 6.
animæ tutam ac firmam. Jettez cette ancre
sacrée, dont les cordages ne rompent
jamais, dans la bienheureuse terre des
vivans ; & croyez qu'ayant trouvé un
fond si solide, elle servira de fondement
assuré à votre vaisseau jusqu'à ce qu'il
arrive au port. Si au contraire toutes nos
espérances étoient renfermées dans cette
vie, on auroit quelque raison de penser
que les animaux l'emportent sur nous.
Nos maladies, nos inimitiés, nos cha-

grins, nos ambitieuses folies, nos triftes prévoyances, qui avancent nos maux, loin d'en empêcher le cours, mettroient le comble à nos miseres.

La Religion eft la feule digue capable d'arrêter le déluge d'amertumes qui inonde le genre humain. Souveraine contre toute forte de maux, elle l'eft fur-tout pour conjurer les malheurs & les orages formés ou groffis par l'imagination & par les paffions. L'orgueil, l'amour défordonné de nous-mêmes, la molleffe, l'infatiable cupidité, l'ambition effrénée, une fauffe & fatale philofophie ; autant de fources de notre infortune, de nos éternelles agitations, de nos murmures fecrets, de ces tragiques défefpoirs, devenus fi communs pour l'opprobre du fiècle & de la Nation.

Où la Religion étend fon empire, tout rentre auffi-tôt dans l'ordre. Les paffions enchaînées font à fes pieds. Je vois en même-temps la plupart de nos maux difparoître,

paroître, ou tellement adoucis, qu'ils n'excitent plus ni murmure ni impatience. Eh ! comment un paſſe-droit réel ou prétendu, un affront, une ſimple raillerie a-t-elle la force de vous troubler, de vous abattre, de vous mettre en fureur ? Sans doute des procédés, des paroles qui vous ſont étrangeres, ne peuvent d'elles-mêmes avoir aucune influence ſur votre ſang, & encore moins ſur votre ame. C'eſt, ſi je puis le dire, au foyer de l'orgueil & de toutes les paſſions indomptées, que s'allument tous ces feux qui vous brûlent, qui vous dévorent. La Religion met pour toujours ſous le joug ces funeſtes auteurs de vos plus vives & de vos plus incurables afflictions. Le calme renaît au fond du cœur. Une douce compaſſion eſt le ſeul ſentiment que vous font éprouver d'injuſtes ennemis.

Vous renoncez, il eſt vrai, à goûter le plaiſir de la vengeance, ce plaiſir ex-

R

quis, dit-on , ce plaifir des grandes ames.
Mais pourriez-vous le regretter ? Que ce
plaifir coûte cher ! Par combien d'agitations, d'alarmes, de périls, de remords
il faut l'acheter ! Et l'ame , lorfqu'elle le
goûte, a-t-elle donc cette paix, cette
férénité qui eft la marque & le fruit par
excellence du vrai Bonheur ? Jamais
l'ame du vindicatif ne fut bouleverfée
par de plus impétueux orages. Voyez un
taureau furieux, l'œil en feu , plein de
fang & d'écume , qui tient fous fes pieds
le rival qu'il s'eft immolé : eft-ce donc
là un objet digne d'envie ? Voilà votre
portrait , homme vindicatif.

La Religion eft indifpenfablement néceffaire contre les malheurs & les foibleffes de l'humanité. C'eft un afyle toujours ouvert & toujours refpecté, une
égide impénétrable. La Religion feule
peut nous empêcher de nous trouver
malheureux dans ces fituations auffi
triftes qu'elles font communes, dans la

difgrace, la perfécution, l'indigence, les revers, la douleur, aux approches de la mort. Les confolations de la Religion font les feules toujours préfentes, toujours efficaces, toujours inépuifables, à la portée de tous les hommes indifféremment, & fouveraines également contre toutes les efpèces de maux.

Le ftoïcifme, comme l'a dit judicieufement la Bruyere, « eft un jeu d'efprit & » une idée femblable à la République de » Platon ». Prétendre, avec les Stoïques & avec Montagne, que l'opinion fait tout, que la bonne fortune, la mauvaife, la fanté, la maladie, l'aifance, la pauvreté, la douleur, la mort, que tout eft égal; que ce qu'on appelle biens & maux ne font qu'une femence, qu'une matière de foi fort indifférente, que l'ame manie à fon gré, & où elle trouve le Bonheur ou le malheur, felon l'idée qu'elle veut s'en former, eft-ce fe moquer ou extravaguer par fyftême? » Le Sage, qui

Chap. 11, de l'Homme.

La Bruyere, *Ibid.*

R ij

» n'est pas ou qui n'est qu'imaginaire, se
» trouve naturellement & par lui-même
» au-dessus de tous les événemens & de
» tous les maux : ni la goutte la plus
» douloureuse, ni la colique la plus ai-
» gue ne sçauroient lui arracher une
» plainte. Le ciel & la terre peuvent
» être renversés, sans l'entraîner dans
» leur chûte, & il demeureroit ferme
» sur les ruines de l'Univers, pendant
» que l'homme qui est en effet, sort de
» son sens, crie, se désespère, étincelle
» des yeux, & perd la respiration pour
» un chien perdu ou pour une porce-
» laine qui est en pièces ».

Il n'appartient qu'à la Religion, je ne dis pas de nous rendre insensibles, mais d'adoucir le sentiment de tous les maux, de faire triompher la vertu de tous les assauts, de nous faire supporter avec une patience, un courage qui ne se démentent point & qui croissent avec la douleur ; je n'en dis pas assez, de nous faire sou-

tenir avec joie les plus rudes épreuves
où puisse être mise l'humanité.

Les idées que je présente ne font ni
fastueuses ni chimériques. Des principes
lumineux & inébranlables, des motifs
victorieux, des espérances aussi certaines
que magnifiques; voilà les armes de la
Religion. Une constance plus qu'héroïque, qu'elle a inspirée tant de fois au
sexe, à l'âge le plus foible, qui sembloit
se jouer au milieu des plus affreux supplices; voilà sa force.

» La Philosophie, dit ingénieusement
» le Duc de la Rochefoucault, triomphe
» aisément des maux passés & des maux
» à venir; mais les maux présens triom-
» phent d'elle ». La douleur, une douleur violente, ou plus sûrement encore
une lente & opiniâtre langueur, qui
mine insensiblement le corps & l'esprit,
suffit pour montrer sa foiblesse & son
impuissance.

Le feul remède que la Philosophie ait

Réflex. mor.
n. 25.

R iij

pu trouver contre la douleur, c'eſt un crime proſcrit par la Nature & par la Religion, le ſuicide. Cicéron, après avoir raſſemblé tout ce que la ſageſſe humaine a trouvé de plus puiſſant contre ce grand ennemi de l'homme, après avoir épuiſé les motifs & les raiſons pour ſupporter la douleur & la braver, pour prouver qu'elle n'eſt pas même un mal, eſt enfin forcé d'en venir là. *Si tanti ſint (dolores) ut ferendi non ſint, quo ſit confugiendum vides* .... *Portus præſto eſt, quoniam mors ibidem eſt.* » Si la douleur » augmente à un tel point, que vous ne » puiſſiez plus la ſupporter, vous voyez » où il faut recourir. Il dépend toujours » de vous d'aborder au port, puiſqu'il » dépend de vous de mourir ». C'eſt donc avouer, dit un judicieux Interprète, que le Sage n'eſt pas toujours heureux, ou qu'il eſt une vie heureuſe, qu'il n'a pas la force de ſupporter, comme le remarque fort bien Saint Auguſtin, en ſe moquant des fophifmes des Philofophes.

Vainement ce fuperbe Stoïcien (1), preffé & vaincu par la douleur, s'obfti- noit à nier qu'elle fût un mal. Les efforts même qu'il faifoit pour n'en pas conve- nir, le prouvoient malgré lui. Rare effort de conftance en effet d'avoir un langage à part & différent de celui de tous les hommes ! Car toute la philofophie des Stoïciens , au jugement d'un homme qui les connoiffoit bien , fe réduifoit là, comme s'il s'agiffoit ici des mots.

Et la derniere claffe des Philofophes , qui ne connoiffoit de bien que la volupté, oubliant & contredifant tous fes dogmes, ne craignoit pas d'avancer que le Sage étoit heureux jufques dans le taureau de Phalaris, & que là même il s'écrieroit : *que ceci eft agréable ! que j'en fuis peu tou- ché !* Langage follement orgueilleux, qui ne mérite pas une réfutation férieufe.

Cicéron.

____

(1) Poffidonius.

Mais les Sages de notre fiècle ont-ils trouvé ce qui dans tous les temps s'eſt dérobé aux recherches de leurs prédéceſſeurs ? Ne voyons-nous pas tous les jours leurs conſolations, leurs maximes, leur héroïſme prétendu venir échouer contre la douleur & les revers ? Sans doute il n'appartient pas à la ſageſſe humaine ; il n'appartient qu'à une Religion divine de nous élever au-deſſus de la Nature, d'adoucir ce que la douleur a de plus aigu & l'affliction de plus accablant, de nous y faire même trouver du plaiſir, de nous en faire deſirer encore plus. Il n'y a ni artifice ni oſtentation. Tant d'exemples que fournit le Chriſtianiſme dans tous les âges & dans toutes les conditions ; tant d'exemples auſſi certains que merveilleux, ſont bien propres à confondre les Sages & les Héros dont ſe vante la Philoſophie.

Eh ! comment la Nature & la raiſon humaine pourroient-elles nous ſoutenir, mettre un contre-poids fuffifant dans la balance de notre deftinée ; lorfque le nombre & la vivacité des maux l'emportant de beaucoup fur les biens même que nous pouvons attendre fur la terre, il eft fenfible & inconteftable que fi nos craintes & nos efpérances font renfermées dans le cercle étroit de la vie, la vie eft un préfent fatal que nous devons, fans balancer, rendre à la Nature, l'exiftence un fardeau infupportable, dont nous devons nous décharger au plutôt. C'eft alors qu'il ne faut rien moins que les fecours toujours préfens, les confolations auffi douces que folides de la Religion, fes infaillibles efpérances, non-feulement pour faire fouffrir le mal avec patience ; mais pour faire aimer fa fituation, pour faire goûter dans le fein de l'affliction un repos profond, une joie pure, des délices telles que l'homme livré à l'égarement des paffions les envieroit, s'il pouvoit en avoir l'idée.

Il est sur-tout des momens, (heureux qui ne m'entendra pas, ou qui m'accusera d'exagération!) il est des momens, des jours affreux, où l'ame en proie à la tristesse, affaissée sous le poids des maux, ne sent son existence que pour en gémir & pour soupirer après la mort. Le passé, le présent, l'avenir, tout se peint à l'imagination avec les plus noires couleurs. Attachée nuit & jour à de lugubres & funestes images, rien ne peut l'en arracher. La société lui est à charge : les plaisirs de toute espèce lui sont odieux : le plus doux des biens de la vie, l'amitié même, oui l'amitié ne se fait plus sentir. Des yeux éteints, des traits altérés & méconnoissables, la pâleur de la mort, tous ces symptômes effrayans n'expriment point encore la profonde & accablante douleur, qui consume cette ame infortunée. Alors cependant, le croiroit-on ? il reste une ressource puissante, celle de la Religion. Elle fait luire un rayon

d'espérance à travers ces épaisses vapeurs. Au fond d'un cœur où regne la
Religion, un Dieu consolateur fait entendre sa voix : le cœur s'épanouit, de
douces larmes coulent des yeux : tour-
nés vers le Ciel, ils attendent avec rési-
gnation la fin de ces cruelles épreuves.
A la lumière de la foi s'évanouit la scène
mobile du monde. Le jour du Seigneur,
le jour de triomphe approche : on le hâte
par ses desirs, & on se soumet à porter
encore le fardeau de la vie, si cet être
souverainement bienfaisant, ce père
tendre, cet incomparable ami de tous
les hommes exige de nous ce sacrifice ;
dans la confiance qui ne trompe point,
qu'il n'a en vue que notre Bonheur,
qu'il s'attendrit sur tous les maux que
nous endurons, qu'il sçaura bien nous en
dédommager dans le séjour de sa gloire
& de sa magnificence, où lui - même
essuyera les pleurs que nous aurons
versés.

Reſſources divines de la Religion ! ô vous qui les avez éprouvées, oſez lui rendre un témoignage que vous dictent l'équité & la reconnoiſſance. Qu'elle ſe montre alors tout ce qu'elle eſt, aimable, toute puiſſante, vénérable, infiniment ſupérieure à tous les ſecours humains, l'ouvrage & le chef-d'œuvre de la Divinité ! Que ceux qui l'attaquent, qui la méconnoiſſent, paroiſſent ingrats & aveugles, les plus inſenſés & les plus malheureux des hommes !

La vie n'eſt qu'un

Elle n'eſt ni moins néceſſaire, ni moins puiſſante dans l'état d'opulence & de grandeur que dans l'état d'indigence & d'obſcurité. A la lumiere de ſon flambeau, que ce qui allume ſans ceſſe la cupidité & l'envie des mortels, eſt vain, mépriſable & fugitif ! La vie n'eſt qu'un ſonge rapide. Le moment du réveil approche. Alors, tout cet éclat trompeur évanoui pour jamais, nous jouirons des ſeuls vrais biens, que le dégoût ni le

remords ne fuivent point, que perfonne,
que la mort même ne peut nous ravir.
Nous partagerons la gloire de la Divinité,
à proportion du courage que nous aurons montré à foutenir l'humiliation.

Et fans la Religion, la tentation continuelle de l'opulence & de la grandeur
eft trop forte pour l'humanité ; elle finit
prefque toujours par nous aveugler &
nous corrompre. A force de livrer des
combats contre une foule d'ennemis
conjurés, contre toutes les paffions, la
plus courageufe vertu fe laffe ou fe ral-
lentit, fi elle n'eft pas fans ceffe foute-
nue & ranimée par la Religion. La Religion feule peut tourner à notre avantage un état fi périlleux. C'eft elle qui
nous apprend à faire de nos richeffes &
de notre puiffance un ufage toujours
vertueux & délicieux. Nous avons la
gloire & la fatisfaction de fervir, d'o-
bliger Dieu même dans la perfonne de
ceux qu'il a choifis pour fes repréfen-

tans. Les biens qui alloient nous échapper, deviennent, par le sacrifice généreux qu'il nous inspire, une source de richesses divines & incorruptibles.

La Religion est pour tous les âges, comme pour tous les états, la source la plus pure & la plus abondante du Bonheur. Peres & meres, & vous qu'ils associent à leurs plus imporans devoirs, à qui ils ont confié l'espérance de l'Etat, en vain assurez-vous la fortune & préparez - vous l'élévation de cette jeunesse, qui vous doit être si chere ; en vain fortifiez - vous le corps, ornez-vous l'esprit, cultivez - vous des talens utiles & agréables : en vain même vous flattez-vous d'avoir gravé profondément dans ces cœurs tendres & dociles les principes de l'honneur & de la justice, de toutes les vertus naturelles & sociales. Vous n'avez encore rien fait de solide pour son Bonheur & pour le Bonheur public, si vous n'avez pas mis la Religion & la crainte de Dieu à la tête de tout.

Si vous avez négligé de remettre le premier âge entre les mains de la Religion, qui vous le demandoit avec les plus vives inſtances, j'oſe le dire, que prétendez-vous, que pouvez-vous eſpérer? Eh! vous ignorez que vous n'avez pas même jetté les fondemens de l'éducation, de la vraie probité & du Bonheur. De combien d'illuſions la jeuneſſe ſera le jouet, que d'écueils contre leſquels elle eſt ſans ceſſe expoſée à ſe briſer, quelle zône brûlante à traverſer, que d'ennemis à vaincre, d'autant plus dangereux, qu'ils ſont plus aimables; ſi elle n'eſt pas éclairée, retenue, animée par les lumieres céleſtes, par le frein puiſſant, par les motifs victorieux de la Religion!

La Religion ſeule peut la guider ſûrement, ſeule elle la ramenera quand elle ſe ſera égarée. Les grandes vérités de la Religion ſemées, ſi je puis ainſi parler, dans une terre neuve, préparée & cultivée par d'habiles mains, y jettent

de profondes racines. Elles ne périſſent point, quoiqu’elles ſemblent quelquefois étouffées par la multitude & la violence des paſſions , dont cet âge foible & bouillant eſt la victime. Attendez que le feu qui le dévore ſoit amorti , que les malheureuſes ſuites des paſſions aient commencé à lui en inſpirer le dégoût & à lui deſſiller les yeux. C’eſt alors que ces germes précieux ſe raniment tout à coup, ſe développent & donnent , bien que dans une ſaiſon un peu tardive, les fruits que le printemps ne promettoit point. Dans le ſilence des paſſions, la Religion fait entendre ſa voix ſalutaire. On rougit , le charme rompu , de s’être laiſſé emporter auſſi loin du Bonheur que de l’innocence, dans des routes dont l’entrée riante & couverte de fleurs nous avoit ſéduits. On ſe hâte de faire oublier des jours perdus dans l’ivreſſe & dans la frivolité, de payer enfin à Dieu, à ſa patrie, à ſes ſemblables ce que de-
mandent

mandent de nous la Religion, la nature
& la société.

Arrivés au dernier âge, où tout insensiblement nous abandonne & nous
échappe, où chaque jour nous perdons
quelque chose de nous-mêmes, qu'il est
doux, qu'il est consolant d'avoir la Religion pour compagne inséparable, de se
rendre témoignage que c'est à la lumiere
de son flambeau que nous avons toujours
marché, ou que nous sommes rentrés dans
le sentier de la vertu qui est encore celui
de la félicité ! Qu'il est consolant, qu'il est
délicieux, après avoir évité le nau-
frage où tant d'autres ont péri, de toucher au moment de recueillir le fruit
de nos sacrifices & de notre fidélité à
l'accomplissement de la loi divine, de
jouir enfin des biens suprêmes, dont
l'attente seule a raffermi nos pas chance-
lans, a suffi pour charmer tous les maux
de cette vie, & pour nous faire goûter les prémices du véritable Bonheur!

Non, la vue du terme commun à tous les hommes n'eſt pas pour le chrétien un ſujet de terreur: c'eſt un port ſûr après l'orage. Il ſe félicite d'être arrivé au bout de la carriere, pour emporter un prix qui ne ſe flétrit point. Qu'a-t-il à regretter, qu'a-t-il à deſirer ? Il quitte des hommes vains, trompeurs, pervers, ennemis & jaloux du mérite, adorateurs du vice opulent & couronné. C'eſt ſon Dieu; c'eſt un pere tendre qui lui tend les bras, & qui lui réſerve un Bonheur incomparable, dont nous n'avons ici qu'un foible eſſai.

« Si nous étions immortels, dit M.
» Rouſſeau, nous ſerions des êtres très-
» miſérables. Il eſt dur de mourir ſans
» doute. Mais il eſt doux d'eſpérer qu'on
» ne vivra pas toujours, & qu'une
» meilleure vie finira les peines de celle-
» ci. Si l'on nous offroit l'immortalité
» ſur la terre, qui eſt-ce qui voudroit
» accepter ce triſte préſent » ?

Ces réflexions font d'une vérité fenfible & frappante ; mais pour qui ? Pour le chrétien feulement, qui vit conformément aux promeffes & à la foi de la vie future. Pour tous les autres je dirois plutôt : *qui n'accepteroit pas ce préfent, tout trifte qu'il eft ?* Il n'y a que la foi qui pourroit le faire refufer : mais le nombre de ceux dont la foi regle les actions, eft-il bien grand ? Il feroit plus jufte de dire : *qui ne maudiroit pas ce funefte préfent, après l'avoir accepté ?* Car « quelle reffource, quel efpoir nous ref- » teroit-il contre la rigueur du fort & » contre les injuftices des hommes ?... » La néceffité de mourir n'eft à l'homme » fage qu'une raifon pour fupporter les » peines de la vie.

» De combien de douceurs, dit en- » core le même Ecrivain, n'eft pas pri- » vé celui à qui la Religion manque ? » Quel fentiment peut le confoler dans

» ses peines ? Quel spectateur anime les
» bonnes actions qu'il fait en secret?
» Quelle voix peut parler au fond de son
» ame ? Quel prix peut-il attendre de sa
» vertu ? Comment doit-il envisager la
» mort » ?

Ecoutons encore un célebre Philosophe rendre à la religion un hommage raisonné , & reconnoître son in-
contestable supériorité sur la secte dont
la philosophie se glorifie le plus. « La
» morale du chrétien se réduit à ces
» deux préceptes : aime Dieu de tout
» ton cœur , aime les autres hommes
» comme toi-même. *Aimer Dieu de tout*
» *son cœur* , c'est être entiérement sou-
» mis à l'ordre éternel, n'avoir d'autre
» volonté que celle de Dieu.... *Aimer*
» *les autres hommes comme soi-même* , n'est
» que la suite du premier précepte....
» L'accomplissement de ces préceptes est
» la source du plus grand Bonheur qu'on
» puisse trouver dans cette vie. Ce dé-

Essai de Phi-
losophie mo-
rale , par M.
de Mauper-
tuis.

» vouement univerſel procurera non-
» ſeulement la tranquillité, mais l'amour
» y répandra une douceur que le Stoï-
» cien ne connoît point. Celui-ci tou-
» jours occupé de lui-même ne penſe
» qu'à ſe mettre à l'abri des maux. Pour
» celui-là il n'eſt plus de maux à crain-
» dre, ſoit qu'ils viennent de cauſes
» purement phyſiques, ou de la part
» des autres hommes.... Un deſtin in-
» flexible, des hommes inſenſés, voilà
» tout ce que voit le Stoïcien.... Le
» Chrétien enviſage les choſes bien dif-
» féremment. Le deſtin eſt une chimere.
» Un Être infiniment bon regle tout &
» a tout ordonné pour ſon plus grand
» bien. Il ne mépriſe point les hommes,
» pour s'empêcher de les haïr, il les
» reſpecte comme l'ouvrage de Dieu,
» & les aime comme ſes freres......
» Quant aux biens que le ſtoïciſme &
» le chriſtianiſme promettent, comment
» pourroit-on les comparer ? L'un borne

» tous ces avantages à la vie préfente ;
» l'autre, outre tous ces mêmes avan-
» tages qu'il procure bien plus fure-
» ment, en fait efpérer d'autres devant
» lefquels ceux-ci ne font rien....

» Qu'on fe repréfente deux ifles, l'une
» remplie de parfaits Stoïciens, l'autre
» de parfaits Chrétiens. Dans l'une cha-
» que philofophe ignorant les douceurs
» de la confiance & de l'amitié, ne penfe
» qu'à fe féqueftrer des autres hommes.
» Il a calculé ce qu'il en pouvoit atten-
» dre, & a rompu tout commerce avec
» eux. Nouveau Diogene il fait confifter
» fa perfection à occuper un tonneau
» plus étroit que celui de fon voifin.
» Mais quelle harmonie vous trouverez
» dans l'autre ifle ! Des befoins qu'une
» vaine philofophie ne fauroit diffimuler,
» toujours fecourus par la juftice & la
» charité, ont lié tous les hommes les
» uns aux autres. Chacun heureux du
» Bonheur d'autrui, fe trouve heureux

» encore des secours que dans ses mal-
» heurs il lui prête.... ;

» Il est certain que le christianisme
» contient les vraies regles du Bonheur.
» Toutes les sectes qui ont fait de la
» recherche du Bonheur leur principale
» étude , ont manqué leur but. Les
» vraies regles pour y parvenir ont été
» données par des hommes simples &
» sans science. Donc un plus grand maî-
» tre que tous ces Philosophes avoit ré-
» vélé ces regles à ceux de qui nous
» les tenons ».

L'Auteur de *la Théorie des sentimens
agréables* , comme nous l'avons vu, s'exprime avec autant de force & encore
plus de précision. « La vie de tous les
» hommes , dit Bossuet , est une espé-
» rance continuelle.... Nous manquons
» de tant de choses , que nous serions
» toujours dans l'affliction, si Dieu ne
» nous avoit donné l'espérance comme
» pour charmer nos maux, & tempérer

Premier tom.
de Sermons
in-4°. 2ᵉ Ser-
mon pour le
Dimanche de
la Quinqua-
gésime.

S iv

» par quelque douceur l'amertume de
» cette vie. Cette vie que nous ne pof-
» fédons jamais que par diverfes par-
» celles qui nous échappent fans ceffe,
» fe nourrit & s'entretient d'efpérance....
» Puifque nous efpérons toujours, c'eft
» un figne très-manifefte que nous ne
» fommes pas dans le lieu où nous puif-
» fions poff> éder les chofes que nous fou-
» haitons. Partant dans ce bas monde, où
» perfonne ne jouit de rien, où on ne
» vit que d'efpérance, celui-là fera le
» plus heureux, qui aura l'efpérance la
» plus belle & la plus affurée. Heureux
» donc mille & mille fois les juftes &
» les gens de bien !.... Comparons à leurs
» efpérances les folles efpérances du
» monde. Les hommes acquièrent avec
» plus de joie qu'ils ne poffedent. Par
» tout leur efpérance eft fruftrée ».

Le defir qui les tourmente fans ceffe
avant la poffeffion, eft incompatible
avec le repos de l'ame, avec le Bon-

heur; la satiété qui suit de près la possession, ravit jusqu'à l'espoir du Bonheur. Non ils ne le trouveront jamais,
ils ne trouveront jamais le repos de
l'esprit, la tranquillité de l'ame que dans
l'observance exacte de la loi de Dieu.
« La loi de Dieu établit l'esprit dans une
» certitude infaillible. Tous les doutes
» levés, toutes les erreurs dissipées par
» une autorité souveraine, plus inébran-
» lable que nos plus solides raisonne-
» mens, il faut que l'entendement ac-
» quiesce. De même la volonté ayant
» trouvé sa regle immuable qui retran-
» che ce qu'il y a de trop en ses mouve-
» mens, ne doit-elle pas rencontrer une
» consistence tranquille, une paix di-
» vine? ... Au lieu que l'inquiétude
» & la crainte se mêlent nécessairement
» dans les choses humaines. On ne sait
» si on fait bien ou mal. On fait bien
» pour établir sa fortune, on fait mal
» pour conserver sa santé, &c. mais

» dans la foumiffion à la loi de Dieu on
» fait abfolument bien fans limitation,
» parce qu'on fuit le fouverain bien. ...
» Delà quel repos, quelle félicité pour
» l'homme de bien, pour le chrétien, régi
» par une raifon éternelle, gouverné par
» des principes divins ! Sa conduite ap-
» puyée fur la parole de Dieu eft plus
» ferme que le ciel & la terre. Plutôt
» tout le monde fera renverfé qu'il foit
» confondu dans fes efpérances ».

En un mot deux chofes nous rendent
heureux, fuivant faint Auguftin, pouvoir ce qu'on veut, vouloir ce qu'on
doit. *Poffe quod velit, velle quod oportet.*
« Le fecond eft encore plus néceffaire à
» la félicité que le premier. Ne pouvoir
» pas ce qu'on veut n'eft tout au plus
» qu'un pur malheur ; ne vouloir pas ce
» qu'on doit eft toujours une faute, &
» en cela même fans comparaifon un
» plus grand malheur. Sans cette volonté
» bien ordonnée, la puiffance eft fatale

L. 13. de
Trinit.

T. 2. Serm.
de Boffuet.
2e Serm. pour
le 4e Dim.
de Carême,

» à notre Bonheur, parce qu'elle est fu-
» neste à notre vertu.... Admirons l'or-
» dre établi par la sagesse du Sauveur,
» en ce que la félicité étant composée de
» deux choses, la bonne volonté & la
» puissance, il les donne l'une & l'autre
» à ses serviteurs, mais chacune en son
» tems. Si nous voulons ce qu'il faut dans
» la vie présente, nous pourrons tout ce
» que nous voudrons dans la vie future.
» Le premier est notre exercice, le se-
» cond sera notre récompense ».

Quelqu'un soupçonnera-t-il de l'exagération dans des peintures si peu sus-
pectes des avantages de la Religion, dans
des raisonnemens aussi simples que lumineux ? Qu'il s'en rapporte du moins à
des autorités qui ne sont pas récusables,
à ceux qui en ont fait l'expérience. Cherchant invinciblement leur Bonheur,
comme tous les hommes, assurément ils
n'auroient pas préféré à tous les biens
de la terre, l'état d'un chrétien qui pré-

tend trouver tout en fon Dieu, l'auteur de tout bien ; ils n'y perféféreroient pas jufqu'au dernier foupir , ils ne fouleroient pas aux pieds ce que le monde a de plus grand & de plus féduifant, fi , felon la promeffe divine, ils n'étoient pas dédommagés au centuple par la paix du cœur, par la fatisfaction la plus douce, la plus complette , la plus durable: Auffi jamais un chrétien généreux ne s'eft repenti d'avoir tout facrifié à Dieu, ne s'eft plaint que fon fervice fût dur, fes promeffes trompeufes, fes récompenfes infuffifantes. Et les adorateurs du monde font les plus éloquens fur le vuide & le faux de tous fes avantages, fur l'illufion de fes efpérances, fur les foucis cruels & les remords dévorans cachés fous le charme perfide des voluptés & fous l'éclat éblouiffant des honneurs & de là puiffance.

Le grand exemple que la Providence vient de donner du facrifice le plus héroïque au milieu de la plus brillante Cour de l'Univers, est plus éloquent que tous les discours (1). Il rappelle tout ce que les siècles passés ont offert en ce genre de plus frappant, les premieres personnes du monde , qui tant de fois sont descendues du Trône, ou des degrés du Trône , pour embrasser l'humiliation & la pauvreté consacrées par l'exemple de leur Dieu ; & qui loin d'accorder un regard à ce qu'elles avoient quitté, ont publié jusqu'au dernier soupir , que la Religion , en les recevant dans son sein, leur avoit fait connoître & goûter le Bonheur , dont jusques là elles n'avoient vu que l'ombre & embrassé qu'un vain fantôme. Doutez-vous encore ? Il n'est plus qu'un moyen de vous convaincre & de vous persuader pour jamais. Faites vous-même l'épreuve de ce que nous disons.

____

(1) L'Auteur travailloit à ce Traité quand s'est passé ce grand événement qui ajoute tant de force aux raisonnemens qu'on emploie ici.

Jettez-vous entre les bras de la Religion :
pratiquez-la en esprit & en vérité; & puisez
dans cette source divine les joies pures
qu'elle vous offre. Vous avouerez que
loin d'avoir exagéré, nous sommes restés
bien en-deçà de la vérité. Mais quoi !
direz-vous, l'homme foible & dépravé
par sa nature, appesanti par le poids des
chaînes de ses habitudes, entraîné par
le torrent de l'exemple, pourra-t-il
s'élever à cette perfection surhumaine ?
Oui, l'homme, l'homme le plus foible
& le plus corrompu, qui ne peut rien
abandonné à lui-même, peut tout avec
le secours céleste qui lui est offert.

Dans l'adversité vous êtes sans ressource, sans consolation, si celles de la
Religion vous manquent. Assurez-vous
les donc dans la prospérité, qui peut à
chaque moment vous échapper. Pour
toutes les afflictions vives, pour la perte
de la fortune, de la santé, de la réputation, de la vie, les consolations humai-

nes n'ont point de force ; tous les hommes font des confolateurs à charge ;
parce qu'ils n'ont rien véritablement de
folide , ni d'équivalent à fubftituer à ce
qui nous eft ravi.

On peut bien , à l'exemple du Stoïque,
braver durant quelques momens tous les
revers , défier les hommes & la Nature :
mais c'eft un perfonnage forcé , qu'on
ne fçauroit foutenir. La douleur , la difgrace , que fais-je , la plus légere con-
tradiction va triompher de la conftance
d'un Philofophe , qui fe difoit , & peut-
être fe croyoit invulnérable. Car enfin ,
dès que la vûe de Dieu , dès que les principes de la Religion ne l'animent pas ,
ne la foutiennent pas, elle ne porte donc
que fur l'orgueil ; & quelle bafe que
l'orgueil ! La privation des biens naturels eft néceffairement dure & affligeante
pour la Nature, dès que vous ne recevez
rien en échange. Vous voyez confpirer
contre vous, vos femblables, les élémens,

je ne fçais quel deftin, que vous placez
follement fur le trône de la Providence,
& vous n'avez pour vous que votre
vertu. Elle me fuffit, dites-vous. Oui
fans doute la vertu fuffit. Mais quelle
vertu ? la vertu chrétienne, la feule
digne de ce nom à la rigueur. La vertu
féparée de fon principe & de fa fin, de
fa force & de fon modèle, de fon efpérance & de fa récompenfe, qui eft Dieu
même, qu'elle eft foible, qu'elle eft
défectueufe ! Ce n'eft plus que le fimulacre de la vertu. Vainement vous vous
flatteriez de fortir victorieux avec elle
des combats que vous avez continuellement à livrer.

Mais ce qui vous eft impoffible, devient aifé pour le Chrétien fortifié des
armes que la Religion lui met en main.
Il lui fuffit de connoître le principe &
le falaire des privations & de l'adverfité,
pour les fupporter patiemment, & même
pour s'en réjouir. Rien n'arrive que par

l'ordre

l'ordre de l'Auteur & du modérateur de
l'Univers, il se soumet avec respect ; du
père tendre de tous les hommes, il fait
sa volonté avec une confiance pleine
d'amour ; du rémunérateur magnifique
de tous ceux qui souffrent pour lui, il
cesse de souffrir, il espère, il est consolé,
il tressaille de joie. Et qu'a-t-il à regretter ? des biens grossiers & corrupteurs,
trop au-dessous de lui & de ses destinées,
d'ailleurs près de lui échapper : & son
Dieu l'assure qu'il va le dédommager
en Dieu. Des hommes faux & injustes,
presque toujours trompeurs & trompés,
l'ont condamné ; & la vérité, la justice
même l'a justifié. La santé s'altère, le
corps se consume, la mort approche : son
ame, cette ame céleste va donc briser
ses liens, sortir d'une terre frappée de
malédiction, pour se réunir à jamais à
l'Être suprême, la source & l'auteur de
tout bien, qui l'a faite pour lui, & qui
seul est digne d'elle.

T

Heureux mortels ! heureux mille fois qui pénétrés de ces vérités si intéressantes, de ces vérités capitales, avez le courage, dans un siècle où la Religion est insultée, & l'impiété triomphe, de suivre, sans vous en écarter jamais, l'unique route qui conduit au Bonheur. Heureux moi-même, si je sais faire usage des conseils que je viens de donner !

F I N.